本书受到

浙江省教育科学规划重点课题（2023SB114）、
浙江理工大学研究生教育教学改革研究项目（YJG-Z202204）、
浙江理工大学基本科研业务费专项资金（24256108-Y）、
浙江理工大学科研启动基金项目（20102230-Y）资助

INTERNAL AND EXTERNAL COLLABORATION

THE MYSTERY OF THE IMPROVEMENT OF RESEARCH PRODUCTIVITY IN UNIVERSITIES

内外协同

◆

高校科研生产力提升之谜

陈艾华◎著

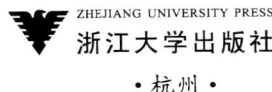
浙江大学出版社
·杭州·

图书在版编目（CIP）数据

内外协同：高校科研生产力提升之谜 / 陈艾华著.
杭州：浙江大学出版社，2025．1． -- ISBN 978-7-308
-25815-9

Ⅰ．G644

中国国家版本馆 CIP 数据核字第 20259VR938 号

内外协同：高校科研生产力提升之谜
陈艾华　著

责任编辑	李海燕
责任校对	朱梦琳
封面设计	雷建军
出版发行	浙江大学出版社
	（杭州市天目山路 148 号　邮政编码 310007）
	（网址：http://www.zjupress.com）
排　　版	杭州好友排版工作室
印　　刷	浙江新华数码印务有限公司
开　　本	710mm×1000mm　1/16
印　　张	13.25
字　　数	250 千
版 印 次	2025 年 1 月第 1 版　2025 年 1 月第 1 次印刷
书　　号	ISBN 978-7-308-25815-9
定　　价	60.00 元

版权所有　侵权必究　印装差错　负责调换

浙江大学出版社市场运营中心联系方式：（0571）88925591；http://zjdxcbs.tmall.com

前　言

新一轮科技革命加速演进，各学科领域深度交叉融合、广泛扩散渗透，重大创新成果竞相涌现，孕育着科技革命的重大突破。我国科技事业密集发力、加速跨越，科技创新能力不断提升，但关键核心技术受制于人的局面未得到根本性改变。2024年《政府工作报告》强调，加快推动高水平科技自立自强，强化基础研究系统布局，长期稳定支持一批创新基地、优势团队和重点方向，增强原始创新能力。高校是国家战略科技力量的重要组成部分，要强化高校有组织科研，加强高校有组织产学研攻关合作，激活高校学术心脏地带，激发高校科研生产力，为推动新质生产力的发展注入科研创新力量，助力加快实现高水平科技自立自强。

因此，本书选取"内外协同：高校科研生产力提升之谜"为研究议题。遵循从"内部协同视域下高校科研生产力提升政策"到"外部协同视域下高校科研生产力提升政策"，再到"内部协同视域下高校科研生产力提升作用机理"，最后到"外部协同视域下高校科研生产力提升作用机理"的逻辑链条，本书聚焦于以下几个主要问题：(1)内部协同视域下，我国促进高校跨学科科研合作提升科研生产力的政策演进图景与逻辑；(2)外部协同视域下，美国政府推进产学研协同创新提升高校科研生产力的动力机制、组织模式与政策机制；(3)内部协同视域下，高校跨学科组织微观运行与其科研生产力提升之间的作用机理与内在规律；(4)外部协同视域下，高校利用产学研协同效应反哺科研生产力发展。

本书采用理论研究与实证研究相结合的方法，主要通过几大子课题分析，尝试解答上述问题，形成了几大核心研究模块。第一，内部协同视域下高校科研生产力提升的政策。基于跨学科合作视角，本书全面系统地梳理我国促进高校科研生产力的政策，剖析我国促进跨学科合作政策的演进图景——演进历程和演进框架,并分析政策的演进逻辑——演进模式和演进结构性分析。第二,外部协同视域下高校科研生产力提升的政策。基于产学研协同创新视角,透析美国政府资助产学研协同创新提升高校科研生产力的动力机制、组织模式及政策机制,并基于我国政府资助产学研协同创新提升高校科研生产力的现状,获得相关的政策启示。第三,内部协同视域下高校科研生产力提升的作用机理。跨学科组织是高校开展跨学科科研合作提升科研生产力的关键载体,因此以高校跨学科组织为例,探究跨学科研究与高校跨学科组织科研生产力演化的关系,探寻跨学科研究环境下高校跨学科组织科研生产力的演化轨迹,构建跨学科组织的两个维度——跨学科组织合理性及其与产业界联系和跨学科研究管理体制、运行机制、评价机制与科研生产力初始概念模型,通过调查问卷和数据收集,利用 OLS 估计方法估计模型参数,进而阐释内部协同视域下高校科研生产力提升的作用机理。第四,外部协同视域下高校科研生产力提升的作用机理。揭示产学研协同与高校科研生产力演化之间的关系,刻画产学研协同创新环境下高校科研生产力的演化轨迹,构建从"产学研协同(异质性协同、同质性协同)"到"知识创新能力(知识获取能力、知识增殖能力)"再到"科研生产力"的理论假设模型,并探究理论假设模型中资源投入的交互效应。通过调查和数据收集,利用 OLS 估计方法对模型参数进行估计,检验研究假设,聚焦于阐释外部协同视域下高校科研生产力提升的作用机理问题。

通过以上分析与论证,本书获得了以下主要研究结论。

根据政策样本的数量分布特征、政策内容以及社会背景,可以将促进跨学科合作政策的演变历程分为萌芽期、发展期、提升期和优化期。在历史性分析范式中,促进跨学科合作政策发展演变与国家重大需求相契合,且长期保持供给型政策工具偏好。促进跨学科合作政策的演变历程显示出其通过积极的自我强化,不断重复和加强既定内容,按照路径依赖和渐进转型模式演变,以此来维持政策的长效稳定。在结构性分析范式中,国家宏观制度环境、外部中观环境变量、政策相关者微观行为是促进跨学科合作政策演变的重要影响因素。加强顶层设计,形成系统的战略思考;优化政策工具组合,加强需求型政策工具使用;关注微观行动者利益诉求,激发跨学科合作内生动力。

美国产学研协同创新的变迁过程是政府驱动型的变迁,社会发展环境的变化是美国产学研协同创新变迁的主要推动力,产学研合作的覆盖范围逐渐扩大、内容逐渐充实。美国产学研协同创新的过程是强制性制度变迁和诱致性制度变迁并行的变迁过程。政府引导和政策支持以及市场中供给和需求的变化是美国联邦政府对产学研协同创新介入以提升高校科研生产力的动力所在，而产学研协同创新的参与者对科技成果潜在价值的追求更是美国联邦政府介入产学研协同创新的重要推动力量。美国在产学研协同创新提升高校科研生产力的实践探索中形成了产学研合作教育、产学研合作研发及产学研合作产业化三大典型模式。在产学研协同创新变迁历程中，美国政府颁布了《莫里尔法案》，推广辛辛那提合作教育模式、促进斯坦福大学工业园创建。美国政府在资助产学研协同创新提升高校科研生产力的过程中，给予配套政策支持、专项资金支持、中介服务支持，并发挥政府的引领作用，建立协同创新服务体系，加强对重点领域的资助管理。

对跨学科研究环境下高校跨学科组织科研生产力影响机制的研究表明，跨学科组织的两个子维度即跨学科组织合理性及其与产业界的联系，对跨学科研究绩效即科研生产力均产生显著的正向影响；跨学科组织的两个子维度即跨学科组织合理性及其与产业界的联系，对跨学科研究管理体制、运行机制和评价机制均产生显著的正向影响。比较而言，跨学科组织和产业界的联系对跨学科研究管理体制、运行机制和评价机制的正向影响更为显著，尤其对跨学科研究管理体制和运行机制的促进作用甚为明显。跨学科研究管理体制、运行机制及评价机制在"跨学科组织—科研生产力"关系中均存在完全的中介效应。比较而言，跨学科研究管理体制、运行机制和评价机制在跨学科组织和产业界的联系与科研生产力关系间发挥的中介作用比其在跨学科组织合理性与科研生产力关系间的中介作用更为显著。在运行机制的部分测度指标上存在性别、学科差异，在评价机制的部分测度指标上存在学科差异，在管理体制的部分测度指标上存在职称差异，在科研生产力的部分测度指标上存在学科、职称差异。在男性组中，跨学科研究管理体制、运行机制、评价机制在跨学科组织合理性、跨学科组织与产业界联系和科研生产力的关系中发挥的中介效应更为显著。在跨学科组织合理性、跨学科组织与产业界联系、跨学科研究管理体制、运行机制、评价机制的共同作用下，对科研生产力产生负向影响背后的形成机制可能与学科、职称有关。

产学研协同创新中异质性协同和同质性协同对高校科研生产力存在正向影响；产学研协同创新中异质性协同和同质性协同对知识创新能力中的知识获取能力和知识增殖能力存在正向影响；知识创新能力中的知识获取能力和知识增殖能力对科研生产力存在正向影响。知识创新能力中的知识获取能力和知识增殖能力在产学研协同中的异质性协同和科研生产力之间存在部分中介效应,知识创新能力中的知识获取能力和知识增殖能力在产学研协同中的同质性协同和科研生产力之间存在完全中介效应。资源投入在产学研协同中的同质性协同与知识创新能力中的知识获取能力之间存在负向调节效应,减弱了产学研协同中同质性协同对知识创新能力中知识获取能力的影响,资源投入在产学研协同中的同质性协同与知识创新能力中的知识增殖能力之间存在正向调节效应,增强了产学研协同中同质性协同对知识创新能力中知识增殖能力的影响;资源投入在知识创新能力中的知识获取能力和知识增殖能力与科研生产力之间均存在负向调节效应,减弱了知识创新能力对科研生产力的影响。在知识创新能力中的知识获取能力上,科研人员所在的组织进行产学研协同创新,存在带头人学术地位、学科的差异;在知识创新能力中的知识增殖能力以及科研生产力上,科研人员所在的组织进行产学研协同创新,存在带头人学术地位的差异。

本书将科研生产力理论、跨学科科研合作理论、产学研协同创新理论等与高校科研生产力提升问题相结合,基于国内外促进高校科研生产力提升的政策,尝试从内外协同视域揭开高校科研生产力提升的作用机理"黑箱",并根据修正后的概念模型设计提升高校科研生产力的政策框架,不仅有助于拓展高校科研生产力提升问题的研究空间,丰富相关理论,而且还为政府和高校更好地制定科研生产力提升战略和政策提供科学的实践指导。

目 录

第 1 章 绪论 ……………………………………………………… 1

1.1 研究背景 ……………………………………………………… 1
1.1.1 高校科研生产力为实现高水平科技自立自强助力赋能 …… 1
1.1.2 内外协同成为高校科研生产力提升的关键路径 ………… 1
1.1.3 促进高校科研生产力发展举步维艰 …………………… 2
1.2 研究论域 ……………………………………………………… 3
1.2.1 当前研究局限 ………………………………………… 3
1.2.2 研究问题廓清 ………………………………………… 3
1.3 研究方法 ……………………………………………………… 4
1.4 研究架构及创新之处 ………………………………………… 5
1.4.1 技术路线 ……………………………………………… 5
1.4.2 研究结构 ……………………………………………… 5
1.4.3 创新之处 ……………………………………………… 7
1.5 本章小结 ……………………………………………………… 9

第 2 章 相关文献回顾 …………………………………………… 10

2.1 高校科研生产力研究 ………………………………………… 10
2.1.1 科研生产力释义 ……………………………………… 10
2.1.2 高校科研生产力研究脉络 …………………………… 11

· 1 ·

2.2 跨学科科研合作与高校科研生产力的关系·················· 25
2.2.1 跨学科科研合作阐释·························· 25
2.2.2 跨学科科研合作对高校科研生产力的影响············ 26
2.3 产学研协同创新与高校科研生产力的关系·················· 34
2.3.1 产学研协同创新是高校科研生产力发展的重要情境······ 34
2.3.2 产学研协同创新情境下高校科研生产力的影响因素······ 35
2.4 既有研究现状述评·································· 36
2.4.1 跨学科科研合作与高校科研生产力关系述评············ 36
2.4.2 产学研协同创新与高校科研生产力关系述评············ 37
2.5 本章小结·· 37

第3章 内部协同视域下促进高校科研生产力提升的政策············ 39
3.1 研究缘起·· 39
3.2 促进跨学科合作政策的演进图景························ 40
3.2.1 促进跨学科合作政策的演进历程···················· 42
3.2.2 促进跨学科合作政策的演进框架···················· 45
3.3 促进跨学科合作政策的演进逻辑························ 51
3.3.1 促进跨学科合作政策的演进模式···················· 51
3.3.2 促进跨学科合作政策演进的结构性分析················ 52
3.4 研究结论与启示···································· 57
3.4.1 研究结论·································· 57
3.4.2 研究启示·································· 57
3.5 本章小结·· 59

第4章 外部协同视域下促进高校科研生产力提升的政策············ 60
4.1 美国政府资助产学研协同创新提升高校科研生产力的动力机制
·· 61
4.1.1 美国产学研协同创新的变迁特征···················· 61

  4.1.2　美国产学研协同创新的变迁制度 …………………………… 63
  4.1.3　美国联邦政府介入产学研协同创新提升高校科研生产力的
     动力分析 …………………………………………………………… 64
 4.2　美国政府资助产学研协同创新提升高校科研生产力的组织模式 …… 65
  4.2.1　美国产学研协同创新提升高校科研生产力的模式 ………… 65
  4.2.2　美国产学研协同创新变迁历程中的政府政策 ……………… 66
 4.3　美国政府资助产学研协同创新提升高校科研生产力的政策机制 …… 68
  4.3.1　美国政府资助产学研协同创新提升高校科研生产力的
     政策概述 …………………………………………………………… 68
  4.3.2　美国政府资助产学研协同创新提升高校科研生产力的
     政策分析 …………………………………………………………… 69
 4.4　美国政府资助产学研协同创新提升高校科研生产力的政策启示 …… 71
  4.4.1　我国政府资助产学研协同创新提升高校科研生产力的现状
     …………………………………………………………………… 71
  4.4.2　美国政府资助产学研协同创新提升高校科研生产力的
     政策启示 …………………………………………………………… 72
 4.5　本章小结 …………………………………………………………………… 73

第5章　内部协同视域下高校科研生产力提升的作用机理 ……………… 75

 5.1　问题提出 …………………………………………………………………… 76
 5.2　高校跨学科组织的跨学科研究 …………………………………………… 76
  5.2.1　跨学科研究的要素识别 ………………………………………… 76
  5.2.2　衡量研究绩效的科研生产力 …………………………………… 77
 5.3　跨学科研究与高校跨学科组织科研生产力演化的关系分析 ………… 77
  5.3.1　样本和数据收集 ………………………………………………… 77

  5.3.2 指标构建·· 78
  5.3.3 描述性统计分析·· 79
  5.3.4 信度效度检验·· 82
  5.3.5 跨学科研究与高校跨学科组织科研生产力演化的关系······ 89
 5.4 跨学科研究环境下高校跨学科组织科研生产力演化轨迹········ 90
 5.5 跨学科研究环境下高校跨学科组织科研生产力影响机制研究···· 92
  5.5.1 理论与假设·· 92
  5.5.2 共同方法偏差检验·· 96
  5.5.3 假设关系检验·· 99
  5.5.4 稳健性检验··· 101
  5.5.5 异质性分析··· 102
  5.5.6 结论与讨论··· 114
 5.6 本章小结··· 115

第6章 外部协同视域下高校科研生产力提升的作用机理············ 118
 6.1 产学研协同创新与高校科研生产力演化的关系分析············ 119
  6.1.1 样本和数据收集··· 119
  6.1.2 指标构建··· 119
  6.1.3 描述性统计分析··· 120
  6.1.4 变量测度的信效度检验··································· 123
  6.1.5 产学研协同创新与高校科研生产力演化的关系············· 127
 6.2 产学研协同创新环境下高校科研生产力演化轨迹·············· 130
  6.2.1 产学研协同创新环境下高校科研生产力演化模型构建······ 130
  6.2.2 产学研协同创新环境下高校科研生产力演化阶段··········· 130
  6.2.3 产学研协同创新环境下高校科研生产力演化中知识转化过程
     ··· 132
 6.3 产学研协同创新环境下高校科研生产力影响机制研究·········· 132
  6.3.1 指标构建··· 133

6.3.2 信度与效度检验 …… 134
6.3.3 产学研协同创新环境下高校科研生产力影响机制剖析 …… 137
6.3.4 稳健性检验 …… 141
6.3.5 异质性分析 …… 142
6.4 本章小结 …… 153

第7章 结论与展望 …… 155
7.1 主要研究结论 …… 155
7.2 政策建议 …… 162
7.2.1 发挥政府政策效应,助推科研生产力发展 …… 162
7.2.2 强化高校跨学科科研合作,促进科研生产力提升 …… 163
7.2.3 推动产学研深度融合,助力科研生产力跃迁 …… 164
7.3 研究局限与研究展望 …… 165

附录Ⅰ:调查问卷Ⅰ …… 166

附录Ⅱ:调查问卷Ⅱ …… 169

附录Ⅲ:访谈提纲Ⅰ …… 172

附录Ⅳ:访谈提纲Ⅱ …… 173

参考文献 …… 174

后记 …… 195

图目录

图 1-1	技术路线	6
图 1-2	研究框架结构	8
图 2-1	高校科研生产力研究文献年发文量（2010—2023 年）	12
图 2-2	高校科研生产力研究作者合作共现图谱（中文文献）	13
图 2-3	高校科研生产力研究作者合作共现图谱（英文文献）	13
图 2-4	高校科研生产力研究机构共现图谱（中文文献）	14
图 2-5	高校科研生产力研究机构共现图谱（英文文献）	14
图 2-6	高校科研生产力研究的国家分布共现图谱	15
图 2-7	高校科研生产力研究关键词共现图谱（中文文献）	16
图 2-8	高校科研生产力研究关键词共现图谱（英文文献）	16
图 2-9	高校科研生产力中文文献关键词聚类图谱	18
图 2-10	高校科研生产力英文文献关键词聚类图谱	20
图 2-11	2010—2023 年高校科研生产力中文文献关键词聚类时间线图谱	22
图 2-12	2010—2023 年高校科研生产力英文文献关键词聚类时间线图谱	23
图 2-13	文献检索与筛选过程	28
图 2-14	高校跨学科科研合作对科研生产力的直接正向效应概览	30
图 2-15	高校跨学科科研合作对科研生产力的直接负向效应概览	31
图 2-16	高校跨学科科研合作与科研生产力两者关系中的调节变量概览	32

图 2-17	高校跨学科科研合作与科研生产力两者关系中的中介变量概览	34
图 3-1	2002—2022 年促进跨学科合作政策文本发布数量	41
图 3-2	促进跨学科合作政策发文主体协同合作网络	42
图 3-3	我国促进跨学科合作政策词云概览	45
图 3-4	促进跨学科合作政策二维分析框架	47
图 3-5	不同阶段政策工具二维分布	49
图 3-6	2021 年 20 个国家创新指数综合排名	53
图 5-1	性别分布	79
图 5-2	学科分布	80
图 5-3	职称分布	80
图 6-1	所在组织带头人的学术地位分布	120
图 6-2	学科分布	121
图 6-3	高校类别分布	121
图 6-4	高校地理区域分布	122
图 6-5	高校与企业、科研机构互动形式	122
图 6-6	残差散点图	129
图 6-7	产学研协同创新环境下高校科研生产力演化模型	131
图 6-8	产学研协同创新环境下高校科研生产力演化阶段	131
图 6-9	资源投入在同质性协同与知识获取能力两者关系中的调节效应	141
图 6-10	资源投入在同质性协同与知识增殖能力两者关系中的调节效应	141
图 6-11	资源投入在知识获取能力与科研生产力两者关系中的调节效应	142
图 6-12	资源投入在知识增殖能力与科研生产力两者关系中的调节效应	142

表目录

表号	标题	页码
表 2-1	高校科研生产力研究关键词的频次和中介中心性（中文文献）	17
表 2-2	高校科研生产力研究关键词的频次和中介中心性（英文文献）	17
表 2-3	高校科研生产力中文文献关键词聚类结果	19
表 2-4	高校科研生产力英文文献关键词聚类结果	20
表 2-5	高校科研生产力中文文献前 20 位突现词	24
表 2-6	高校科研生产力英文文献前 20 位突现词	25
表 3-1	发文主体构成和各阶段数量分布	41
表 3-2	政策工具名称及含义	46
表 3-3	促进跨学科合作政策工具类型	48
表 3-4	不同阶段政策工具二维分布频数统计	49
表 5-1	高校跨学科组织科研生产力初步描述性统计	80
表 5-2	高校跨学科组织科研生产力测量指标的频次分布	81
表 5-3	跨学科组织合理性的信度分析结果	82
表 5-4	跨学科组织与产业界联系的信度分析结果	82
表 5-5	管理体制的信度分析结果	83
表 5-6	运行机制的信度分析结果	83
表 5-7	评价机制的信度分析结果	84
表 5-8	科研生产力的信度分析结果	84
表 5-9	自变量的 KMO 和 Bartlett's 球体检验结果	85
表 5-10	自变量指标体系因子分析结果	85
表 5-11	自变量因子分析方差解释	85

表 5-12　中介变量的 KMO 和 Bartlett's 球体检验结果 …………… 86
表 5-13　中介变量指标体系因子分析结果 …………………………… 86
表 5-14　中介变量因子分析方差解释 ………………………………… 87
表 5-15　因变量的 KMO 和 Bartlett's 球体检验结果 ……………… 88
表 5-16　因变量指标体系因子分析结果 ……………………………… 88
表 5-17　因变量因子分析方差解释 …………………………………… 88
表 5-18　量表的信效度分析 …………………………………………… 89
表 5-19　主要变量相关系数 …………………………………………… 89
表 5-20　主成分分析中提取的成分 …………………………………… 97
表 5-21　解释的总方差 ………………………………………………… 98
表 5-22　跨学科组织、跨学科研究管理体制、运行机制、评价机制与科研生产力的多元回归分析 ……………………………………… 99
表 5-23　变量缩尾后回归 ……………………………………………… 102
表 5-24　不同性别在管理体制上的对比分析 ………………………… 102
表 5-25　不同性别在运行机制上的对比分析 ………………………… 103
表 5-26　不同性别在评价机制上的对比分析 ………………………… 103
表 5-27　不同性别在科研生产力上的对比分析 ……………………… 104
表 5-28　不同性别的异质性影响 ……………………………………… 105
表 5-29　不同学科在管理体制上的对比分析 ………………………… 106
表 5-30　不同学科在运行机制上的对比分析 ………………………… 106
表 5-31　不同学科在评价机制上的对比分析 ………………………… 106
表 5-32　不同学科在科研生产力上的对比分析 ……………………… 107
表 5-33　不同学科的异质性影响 ……………………………………… 108
表 5-34　不同职称在管理体制上的对比分析 ………………………… 109
表 5-35　职称差异多重比较——委员会领导下的主任负责制 …… 109
表 5-36　不同职称在运行机制上的对比分析 ………………………… 110
表 5-37　不同职称在评价机制上的对比分析 ………………………… 110
表 5-38　不同职称在科研生产力上的对比分析 ……………………… 111

表 5-39	职称差异多重比较——出版了较多具有影响力的专著	112
表 5-40	不同职称的异质性影响	113
表 6-1	高校科研生产力初步描述性统计	122
表 6-2	高校科研生产力测量指标的频次分布	123
表 6-3	科研生产力的信度分析结果	124
表 6-4	异质性协同的信度分析结果	124
表 6-5	同质性协同的信度分析结果	124
表 6-6	产学研协同的信度分析结果	125
表 6-7	高校科研生产力 KMO 和 Bartlett's 球体检验结果	125
表 6-8	高校科研生产力因子分析结果	125
表 6-9	高校科研生产力因子分析方差解释	126
表 6-10	产学研协同 KMO 和 Bartlett's 球体检验结果	126
表 6-11	产学研协同因子分析结果	126
表 6-12	产学研协同因子分析方差解释	127
表 6-13	各变量的相关系数	127
表 6-14	回归系数与显著性检验表	128
表 6-15	回归拟合过程小结	128
表 6-16	回归模型的方差分析	130
表 6-17	知识获取能力信度分析	134
表 6-18	知识增殖能力信度分析	134
表 6-19	资源投入信度分析	135
表 6-20	知识创新能力 KMO 和 Bartlett's 球体检验结果	135
表 6-21	知识创新能力因子分析结果	135
表 6-22	知识创新能力因子分析方差解释	136
表 6-23	资源投入 KMO 和 Bartlett's 球体检验结果	136
表 6-24	资源投入因子分析结果	137
表 6-25	资源投入因子分析方差解释	137
表 6-26	各变量的相关系数	138

表 6-27	回归分析结果	139
表 6-28	缩尾后回归分析结果	143
表 6-29	带头人不同学术地位在知识获取能力上的对比分析	144
表 6-30	带头人不同学术地位差异多重比较——对外部行业技术情报和竞争情报的搜索能力增强	144
表 6-31	带头人不同学术地位差异多重比较——对外部知识的价值进行评估和鉴别的能力增强	145
表 6-32	带头人不同学术地位差异多重比较——改进外部知识使其更适合高校实际运营需要的能力增强	146
表 6-33	带头人不同学术地位在知识增殖能力上的对比分析	147
表 6-34	带头人不同学术地位差异多重比较——拥有成熟的流程和机制鼓励对从企业、科研机构获取的新知识进行运用	147
表 6-35	带头人不同学术地位差异多重比较——擅于基于新知识的导入来优化组织流程和机制	148
表 6-36	带头人不同学术地位在科研生产力上的对比分析	149
表 6-37	带头人不同学术地位差异多重比较——发表了较多高水平论文	149
表 6-38	带头人不同学术地位差异多重比较——出版了较多具有影响力的专著	150
表 6-39	带头人不同学术地位差异多重比较——获得了较多的省部级及以上奖项	151
表 6-40	不同学科在知识获取能力上的对比分析	152
表 6-41	不同学科在知识增殖能力上的对比分析	152
表 6-42	不同学科在科研生产力上的对比分析	153
表 7-1	研究结果的归纳总结	156

第 1 章　绪　论

1.1　研究背景

1.1.1　高校科研生产力为实现高水平科技自立自强助力赋能

习近平总书记(2014)指出:"自力更生是中华民族自立于世界民族之林的奋斗基点,自主创新是我们攀登世界科技高峰的必由之路。"在全球科技竞争日趋激烈的形势下,必须始终牢记习近平总书记的重要指示精神,深刻把握实现高水平科技自立自强的战略方位与战略路径,探索适应高质量发展的高校有组织科研创新之路,激发高校科研生产力,让科研创新为新质生产力的发展注入强大动能,助力赋能高水平科技自立自强的实现。

实现高水平科技自立自强是宏大的系统工程,事关国家战略全局和长远发展。高校是科技第一生产力、人才第一资源、创新第一动力的重要结合体,要自觉履行加快实现高水平科技自立自强的使命担当,以强化高校有组织科研为统领,进行高水平、有组织的学科布局,开展科研攻关,推进科技成果转化,培育创新人才,为经济社会高质量发展增势赋能,推动新质生产力的加速形成,以服务于高水平科技自立自强的实现。因此,高校亟须练就"科技自立"之功、掌握"科技自强"之道、打通"科技赋能"之路(韩杰才,2023),以激活学术心脏地带,夯实高水平科技自立自强的根基。

1.1.2　内外协同成为高校科研生产力提升的关键路径

创新是经济建设的灵魂,提升知识创新力是深入实施创新驱动发展战略的关键。随着合作网络的日益拓展,团队优势日益突显,这表明合作可以向创新思想与创新绩效释放驱动效应(Wuchty,Jones & Uzzi,2007)。作为合作的一种重要创新组织形式,大学跨学科科研合作是影响科研生产力的重要因素,合作过程中隐性知识共享与创新思维碰撞是知识创新的动力(梁文艳、刘金娟、王玮玮,2015)。

建立产学研深度融合的技术创新体系已经成为加强国家创新体系建设和强化战略科技力量的关键。产学研协同创新通过创新主体间的深入合作与资源整合,形成跨学科、跨部门、跨行业的协同互动创新网络,从而产生系统叠加的非线性效用,是创新生态系统中科技创新的新范式(陈劲、阳银娟,2012;Bruneel,D'Este & Salter,2010;陈健、高太山、柳卸林等,2016;郭建杰、谢富纪,2021)。作为科技创新的"轴心"机构,高校通过产学研协同创新提升科研生产力,日益成为促进区域和国家科技创新能力发展的重要力量(Lam,2010;黄菁菁、原毅军,2018;李兰花、郑素丽、徐戈等,2020)。

1.1.3 促进高校科研生产力发展举步维艰

就内部协同视角而言,虽然高校开展跨学科科研合作可以提升科研生产力,然而,参与创新过程的跨学科团队成员由于各自的专业背景和知识异质性可能会导致认知差异,从而引发冲突,这些冲突可能会影响团队的创新绩效(Deutsch,2014),在最坏的情况下甚至会导致合作各方终止合作(Liu,Wu & Rousseau,2020)。

就外部协同视角而言,高校教师作为产学研协同创新的具体承担者,在参与产学研协同创新和促进学术绩效发展之间可以共存,不存在天然的冲突关系,在一定程度上产学研协同创新可以促进高校教师的学术产出(Van Looy,Ranga & Callaert,2004;Gulbrandsen & Smeby,2005;Coccia,Falavigna & Manello,2015),从而促进高校科研绩效的发展,但高校教师参加产学研协同创新的动力仍不足。从产学研参与方层面来看,产学研各方缺乏沟通,导致彼此间的供给与需求不匹配,而且彼此间的目标也存在差异,使得高校教师进行产学研协同创新困难重重(Guan,Yang & Mok,2005;Wang & Ma,2007;张力、刘新梅,2011;Tartari & Breschi,2012;Maietta,2015)。从高校层面来看,尽管产学研协同创新使教师能够深入调查相关问题(Rivera-Huerta,Dutrénit,Ekboir et al.,2011)、获取经济效益与进行信息交换和知识共享(Garcia,Araújo,Mascarini et al.,2018)、产生新想法(Breschi,Lissoni &

Montobbio,2008),但高校在考核中未能真正反映教师产学研协同创新绩效,大大挫伤了教师参加产学研协同创新的积极性(Thursby & Thursby,2004; Brehm & Lundin,2012)。因此,高校破解上述难题促进产学研协同创新是提升高校科研生产力的关键。

1.2 研究论域

1.2.1 当前研究局限

就内部协同视角而言,高校内部以跨学科组织为载体开展跨学科科研合作,是获得普遍认同的提升科研生产力的方式。在研究内容上,已有研究鲜有对高校跨学科组织开展跨学科科研合作提升科研生产力的机理进行剖析;在研究方法上,现有研究大多停留于现象描述和理论演绎,缺乏坚实的实证研究。

就外部协同视角而言,尽管学者们在产学研协同创新和科研生产力两大研究议题上取得了丰硕的成果,但将产学研协同创新和科研生产力同时纳入研究框架,深入探究产学研协同创新对高校科研生产力影响的研究还非常少见,极大地限制了我们对产学研协同创新情境下高校科研生产力的理解,也非常不利于政府与高校采取有效举措促进产学研协同创新和科研生产力发展。

1.2.2 研究问题廓清

纵观科学研究发展史,跨学科研究对于拓展学术边界、激发创新活力和应对重大创新挑战方面作用显著,尤其是进入 21 世纪之后,更是在提升机构科研生产力上发挥了巨大作用。跨学科研究所显示出的巨大创新力量,使得跨学科科研合作成为理论界和实践界关注的焦点。

在产学研协同创新的背景下,尽管企业、科研院所和高校在组织性质、目标评估、组织文化和资源能力方面存在很大差异(Hemmert,Bstieler & Okamaro,2014),但它们合作的本质是通过寻求共同点而保留差异来发挥协同效应,过分强调差异并不能客观反映合作的实际情况。因此,本书的研究从契合度而非差异化视角分析产学研协同创新中的合作伙伴契合度,重点关注合作伙伴契合度是否有助于提高高校的科研生产力。

具体而言,本书聚焦于如下几个主要问题。

问题1:内部协同视域下,我国促进高校跨学科科研合作、提升科研生产力的政策演进图景与逻辑是怎样的?

问题2:外部协同视域下,美国政府推进产学研协同创新、提升高校科研生产力存在怎样的动力机制、组织模式与政策机制?

问题3:内部协同视域下,高校跨学科组织微观运行与其科研生产力提升之间存在何种作用机理与内在规律?

问题4:外部协同视域下,高校如何利用产学研协同效应反哺科研生产力发展?

1.3 研究方法

1. 文献分析与规范分析法

综合分析国内外学者关于内外协同视域下高校科研生产力提升的相关研究资料,在对期刊文章、学术著作、会议与学位论文、研究报告等文献资料进行系统梳理与评述的基础上,对跨学科科研合作、产学研协同创新、科研生产力等问题进行综述和分析。

2. 访谈法与内容分析法

以科研生产力理论、跨学科科研合作理论、产学研协同创新理论等为理论基础,系统而全面地梳理现有研究以获得线索,通过半结构化访谈法凝练出跨学科科研合作、产学研协同创新与科研生产力提升的逻辑关系。采用深度访谈法从高校的管理者、跨学科科研合作项目负责人或参与者、产学研协同创新项目负责人或参与者等处获取高校科研生产力发展活动的历史数据。

3. 问卷调查与统计分析法

基于现有文献的梳理,确定高校科研生产力系统的边界和基本假定,从内外协同视角分析促进高校科研生产力提升的政策框架与机制。通过问卷调查法获得相关数据,利用探索性因子分析法获得跨学科科研合作、产学研协同创新影响高校科研生产力提升的关键因素,从内部协同视域下构建跨学科科研合作影响高校科研生产力提升的作用机理模型,并从外部协同视域下构建产学研协同创新影响高校科研生产力提升的作用机理模型。采用多元回归分析法分析通过问卷调查获取的数据,实证检验构建的初始概念模型。

1.4 研究架构及创新之处

1.4.1 技术路线

本书的总体研究目标为:从内部协同视域剖析我国促进高校跨学科科研合作提升科研生产力的政策演进图景与逻辑,从外部协同视域透析美国政府推进产学研协同创新提升高校科研生产力的动力机制、组织模式与政策机制;通过探究跨学科科研合作环境和产学研协同创新环境对高校科研生产力提升的作用机制,分别探寻跨学科科研合作和产学研协同创新影响高校科研生产力提升的机理;深入揭示跨学科科研合作和产学研协同创新环境下高校科研生产力提升机制与轨迹,构建科研生产力提升的动态模型,丰富跨学科科研合作理论、产学研协同创新理论以及科研生产力理论;探讨跨学科科研合作和产学研协同创新环境下高校科研生产力提升机制,为政府和高校促进跨学科科研合作和产学研协同创新以及提升科研生产力的政策与战略的制定提供理论基础和实践指导。

为实现上述研究目标,科学而合理地解决研究中提出的问题,本书遵循提出问题、分析问题、解决问题的逻辑思维,具体的技术路线如图 1-1 所示。

1.4.2 研究结构

本书基于上述技术路线的研究逻辑框架,将具体章节和研究内容作如下安排。

第 1 章绪论。本章基于研究的理论背景与实践背景,主要聚焦于以下几个问题:研究什么——研究的主要问题;怎样研究——研究的方法与技术路线;有何创新——研究的创新点。

第 2 章相关文献回顾。本章基于科研生产力理论、跨学科科研合作理论以及产学研协同创新理论等,主要梳理高校科研生产力、跨学科科研合作与高校科研生产力的关系、产学研协同创新与高校科研生产力的关系等文献,并对既有研究现状进行述评,以期为后续章节奠定坚实的理论根基。

第 3 章内部协同视域下促进高校科研生产力提升的政策。本章全面系统

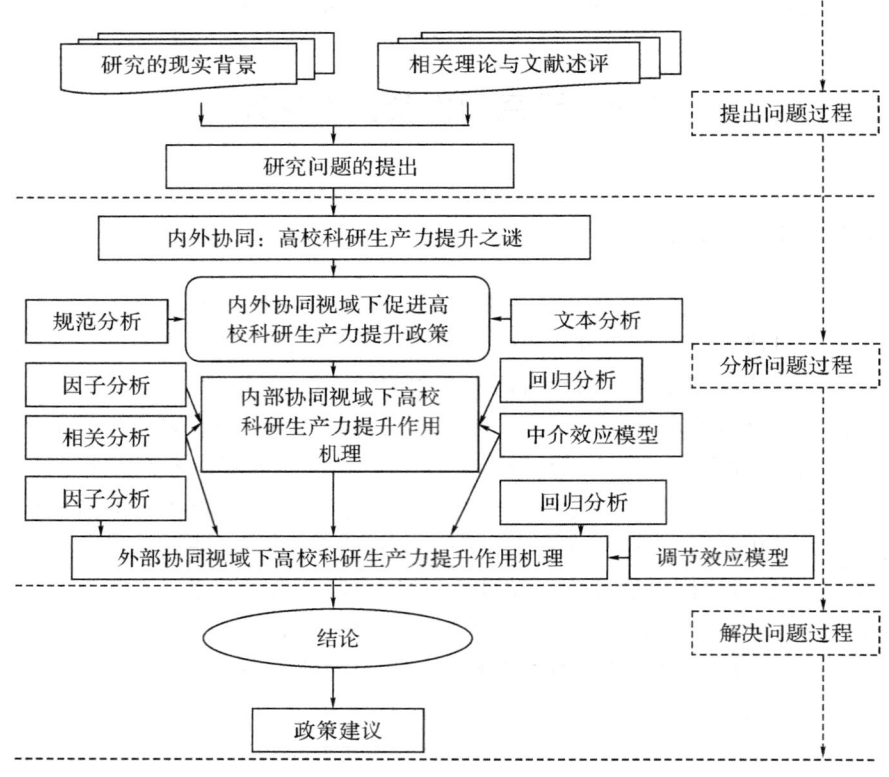

图 1-1　技术路线

地梳理我国 2002—2022 年促进跨学科合作的政策,剖析我国促进跨学科合作政策的演进图景与演进逻辑,探究我国促进跨学科合作政策的演变规律与发展方向,从内部协同视域研究促进跨学科合作政策与高校科研生产力提升的匹配性。

第 4 章外部协同视域下促进高校科研生产力提升的政策。美国是产学研协同创新的发源地,因此本章以美国政府资助产学研协同创新为例,从外部协同视域系统而完整地剖析美国政府资助产学研协同创新提升高校科研生产力的动力机制、组织模式以及政策机制,以获得政策启示。

第 5 章内部协同视域下高校科研生产力提升的作用机理。本章以高校科研生产力提升的关键载体——高校跨学科组织为例,从内部协同视域剖析跨学科研究与高校跨学科组织科研生产力演化的关系,并基于跨学科研究探析了高校跨学科组织科研生产力演化轨迹、影响机制，构建了跨学科组织、跨学科研究管理体制、运行机制及评价机制与跨学科研究绩效即科研生产力之间关系的概念模型，结合中国高校跨学科组织的调查样本，实证检验跨学科组织对跨学科研究管理体制和运行机制及评价机制、科研生产力的影响，以及跨学科研究管理体制和运行机制及评价机制在跨学科组织与科研生产力间关系中的中介作用，从一个新的视角解析高校跨学科组织开展跨学科研究提升科研生产力的规律。

第 6 章外部协同视域下高校科研生产力提升的作用机理。本章试图从外部协同视域探究产学研协同与高校科研生产力演化之间的关系，探寻产学研协同创新环境下高校科研生产力的演化轨迹，并剖析知识获取能力和知识增殖能力以及资源投入在产学研协同与高校科研生产力两者之间的关系中扮演的角色。本章在拓展产学研协同创新领域研究边界的同时，也透析了产学研协同中"门当户对"和"两情相悦"影响高校科研生产力的作用机制与内在规律，有助于为科技创新背景下高校科研生产力高质量发展提供理论支撑和实践参鉴。

第 7 章结论与展望。本章包括本书的核心研究结论、基于研究结论的政策框架设计、研究局限与研究展望三个部分。

本书的研究内容具体框架结构如图 1-2 所示。

1.4.3 创新之处

本书从内外协同视域全面而系统地梳理国内外促进高校科研生产力提升的政策，尝试从内外协同视域揭开高校科研生产力提升的作用机理"黑箱"，并设计提升高校科研生产力的政策框架，为政府和高校更好地制定科研生产力提升战略和政策提供科学的理论指南和实践指导。

第一，学术思想的创新。以往研究对科研生产力提升感性议论的多，诸多研究仍然停留在轶事性分析层面，对高校科研生产力提升的研究还缺乏坚实的经验证据支持。本书理论结合实证从内外协同视域剖析高校科研生产力提升问题，有助于形成探索高校科研生产力提升的新思路，为新质生产力的发展注入强大动能，并助力实现高水平科技自立自强。

第二，学术观点的创新。已有关于跨学科科研合作和产学研协同创新的研究均聚焦于实施困境，对破解困境从而提升高校科研生产力的研究还较为匮乏。本书从内外协同视域基于国内外提升高校科研生产力的政策，剖析高

内外协同:高校科研生产力提升之谜

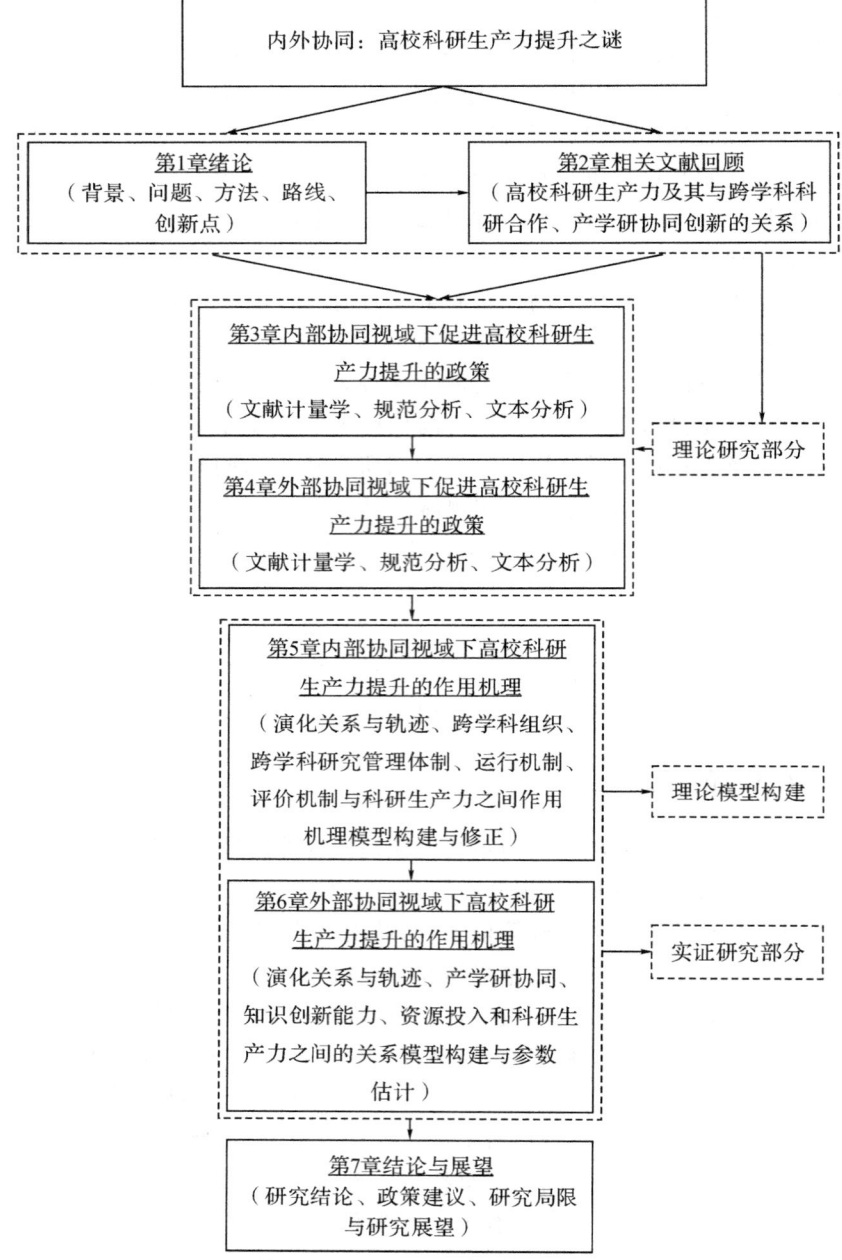

图 1-2 研究框架结构

校科研生产力提升的作用机理,系统而完整地呈现出一幅提升高校科研生产力的全景图,凸显学术观点的创新性。

第三,研究方法的创新。本书追寻定性研究方法与定量研究方法综合运用的新趋势,采用定性、定量研究相结合的方法,弥补了传统研究方法上的不足,以期从更深层次揭示高校科研生产力提升的本质与规律,彰显研究方法的创新性。

1.5　本章小结

本章首先介绍了高校科研生产力提升的理论与现实背景;其次基于研究背景与现有研究的局限,提出了予以研究的问题和采用的研究方法,并设计了研究架构,对本书的研究内容及研究安排进行了介绍;最后指出了本书的创新点。

第 2 章 相关文献回顾

本章主要分为五个部分：第一部分对高校科研生产力研究进行了梳理，包括科研生产力释义、高校科研生产力研究脉络等；第二部分基于已有文献，深入介绍了跨学科科研合作与高校科研生产力的关系；第三部分依托已有文献，系统阐释了产学研协同创新与高校科研生产力的关系；第四部分对既有研究现状进行了评述；第五部分为小结。

2.1 高校科研生产力研究

2.1.1 科研生产力释义

自 20 世纪 70 年代开始，中西方学者从不同维度对大学教师的科研生产力展开研究。但由于对科研生产力进行定义与测度较为复杂和困难，绝大多数学者仅用论文、专著、专利、荣誉、奖励等对科研生产力进行表征，未对科研生产力进行明确界定。极少数学者从知识生产与知识应用视角对科研生产力进行了尝试性的释义，如赵红州（1996）指出，如同生产力是衡量社会生产水平的标志一样，社会的科学能力系科学领域的生产力或科研生产力，是人类认识与改造自然的强大武器，是国家科技发展的内在动力，也是衡量国家科技发展水平的标志。Abramo 和 D'Angelo(2014)认为，作为科研活动的一种产出能力，科研生产力的意蕴涵括两个方面：一是利用理论创新实现知识生产与科学发展的能力，二是通过整合与应用达成技术创新、知识运用与知识转化的能力。基于此，本书认为科研生产力是指科研活动的产出能力，包括知识生产与知识应用的能力。

2.1.2 高校科研生产力研究脉络

1. 数据来源与研究方法

2010年,中共中央、国务院印发《国家中长期教育改革和发展规划纲要(2010—2020年)》,提出了建设高等教育强国的奋斗目标,进一步解放和提高高校的科研生产力。因此,为全面搜寻高校科研生产力研究文献,选取中国知网数据库(以下简称CNKI)和Web of Science(以下简称WOS)数据库,对时间跨度为2010年至2023年发表的高校科研生产力研究文献进行检索。以高校(university)、大学(univerisity)、科研生产力或研究生产力(research productivity)、科研绩效(scientific research performance)、学术绩效(academic performance)、研究绩效(research performance)、研究产出(research output)、科研产出(scientific research output)、出版生产力(publishing productivity)、出版绩效(publishing performance)、出版产出(publishing output)、教师生产力(faculty productivity)、教师绩效(faculty performance)、教师产出(faculty output)、学者生产力(scholar productivity)、学者绩效(scholar performance)、学者产出(scholar output)等为检索关键词,采用组合关键词或变换关键词来识别文献。其中,CNKI的文献类别仅包括CSSCI(Chinese Social Science Citation Index)(含扩展版)来源文献,人工剔除新闻报道、会议记录等,最终得到244篇有效中文文献;从WOS数据库人工剔除不相关文献后,最终获得221篇有效英文文献。共计获得465篇有关高校科研生产力研究的中英文文献,将中文文献保存为Refworks格式,将英文文献保存为纯文本格式,作为后续分析数据。

采用文献计量法,运用CiteSpace 6.3.R1对465篇有效文献进行分析,设置功能参数如时区选择、剪枝选择、阈值选择、最小生成树等,生成高校科研生产力研究的可视化知识图谱,依据两个指标即模块值(Q值)和平均轮廓值(S值)评估网络结构和聚类清晰度,通过适当调整参数设置,多次绘制高校科研生产力研究的知识图谱,以获得较为理想的知识图谱绘制结果,探寻高校科研生产力研究的时空分布及前沿动态,展现高校科研生产力研究全景。

2. 高校科研生产力研究时空分布

(1)时间分布

文献的发表时间和数量分布可以较为直观地揭示高校科研生产力研究进

程。根据从 CNKI 数据库和 WOS 数据库检索的文献，绘制文献数量随时间变化趋势图。从图 2-1 中可以看出，关于高校科研生产力研究的英文文献在数量上基本呈现缓慢上升趋势，且 2010 年至 2011 年发表数量高于中文文献；2012 年至 2019 年虽呈现逐年上升趋势，但发文数量均低于中文文献；直到 2020 年再次反超中文文献数量。中文文献自 2010 年至 2012 年稳步增长，说明该领域开始受到国内学者的广泛关注；2014 年至 2016 年这三年间，呈现大幅增长趋势，处于国内研究的热潮阶段，发文数量远超国外文献；随后，中文文献发文数量有所回落，这与国外文献数量总体上处于上升趋势有所不同。2022 年至 2023 年，中英文文献发文数量均有所下降。

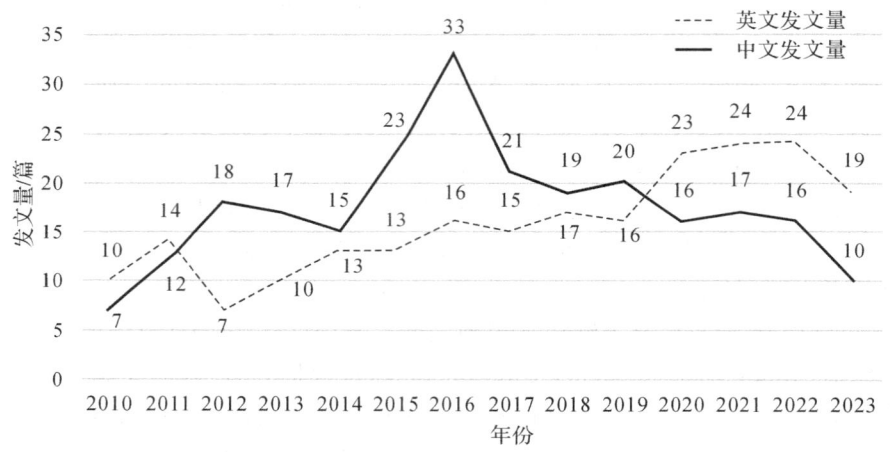

图 2-1　高校科研生产力研究文献年发文量（2010—2023 年）

（2）作者分布

通过分析作者的合作网络，可以展现高校科研生产力研究领域内的核心作者群及其合作关系。为最大限度挖掘所需信息，主题词默认为全选，节点类型选择"author"，剪枝方法选择 pathfinder、pruning sliced networks 和 pruning the merged network，绘制作者合作共现图谱。图 2-2 的节点有 255 个，连线 129 条；图 2-3 的节点有 266 个，连线 191 条。从图 2-2 和图 2-3 可知，研究高校科研生产力的学者较多，但中文文献研究中缺乏核心领军学者，合作研究的学者数量较少，多为独立研究或三三两两的小范围合作，没有形成紧密的合作网络；英文文献研究中形成了几大紧密的合作网络，表明在英文文献中更注重作者之间的合作，已经形成了几大核心研究团队。

第 2 章　相关文献回顾

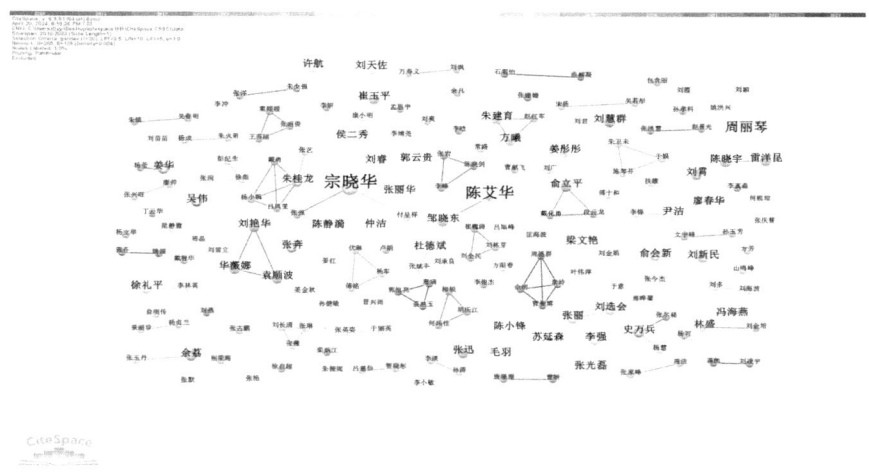

图 2-2　高校科研生产力研究作者合作共现图谱（中文文献）

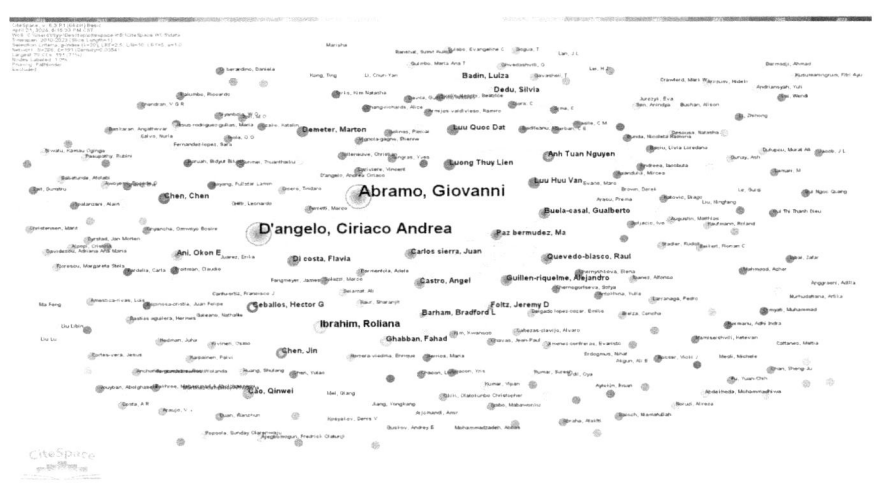

图 2-3　高校科研生产力研究作者合作共现图谱（英文文献）

（3）机构分布

对 465 篇有效文献按作者所属机构进行归类分析，借助 CiteSpace 6.3.R1 分别绘制中英文文献的研究机构共现图谱（见图 2-4、图 2-5）。图 2-4 的节点有 238 个，连线 93 条；图 2-5 的节点有 211 个，连线 138 条。从图 2-4 可知，在中文文献中，对高校科研生产力开展研究较为活跃的机构有南京大学教育

内外协同:高校科研生产力提升之谜

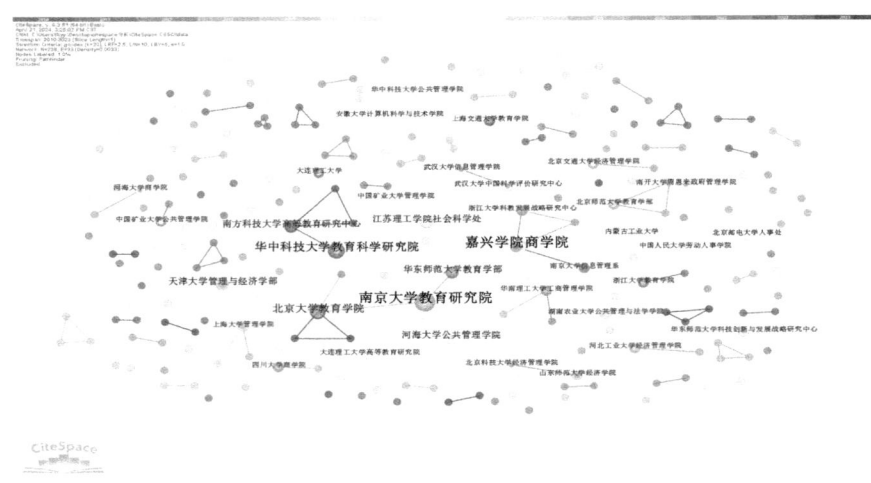

图 2-4　高校科研生产力研究机构共现图谱(中文文献)

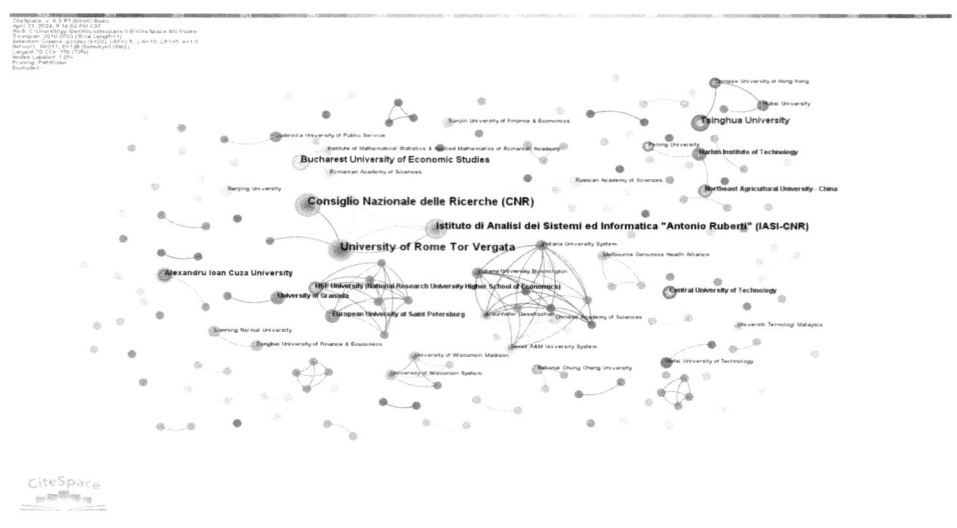

图 2-5　高校科研生产力研究机构共现图谱(英文文献)

研究院、嘉兴学院商学院、华中科技大学教育科学研究院、北京大学教育学院、华东师范大学教育学部等。从图 2-5 可知,在英文文献中,对高校科研生产力开展研究较为活跃的机构分别为国家研究委员会(意大利)、罗马第二大学、系统分析和信息学研究所(意大利)、布加勒斯特经济研究大学、清华大学等。中

· 14 ·

英文文献节点均较为分散,节点之间的连线也不多,说明研究机构之间联系不够紧密,只有为数不多的几个机构之间开展了相关合作。在图2-5中,某几个机构之间的连线明显多于图2-4,表明英文文献中已经形成了几个核心研究机构。

(4)国家分布

对465篇有效文献按作者所属国家进行归类分析,有助于识别在这一研究领域占据重要地位的国家。CNKI数据均来自国内,故仅呈现WOS数据库的分析结果。从图2-6可以看出,在高校科研生产力研究的国家分布共现图谱中,中国是发表高校科研生产力文献最多的国家。另外,意大利、美国、西班牙、俄罗斯和越南等也发表了较多关于高校科研生产力的文献。图2-6中的节点有51个,连线46条,表明在高校科研生产力研究上,国家之间的整体合作强度与合作密切程度均较低。

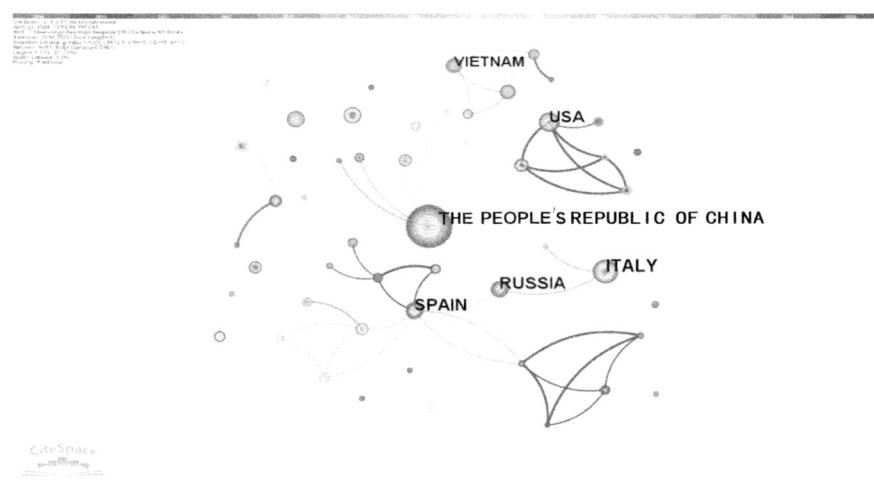

图2-6 高校科研生产力研究的国家分布共现图谱

3. 高校科研生产力研究演进脉络

统计高校科研生产力领域研究文献的高频关键词,进行关键词共现分析,通过选取关键词节点,构建高校科研生产力研究关键词共现网络,采用关键词聚类,剖析出高校科研生产力领域研究的前沿热点,结合关键词时间线图和突现词分析,从中析出"变"与"不变"之处,从而识别出高校科研生产力研究前沿热点演进脉络。

(1) 关键词共现分析

在 CiteSpace 6.3.R1 软件中,选择"关键词(keyword)"作为节点类型,选择 pathfinder、pruning sliced networks 和 pruning the merged network 的方式进行网络修建,利用 CiteSpace 6.3.R1 进行可视化分析,分别得到节点数为 234、边数为 260 的中文文献关键词共现图谱(见图 2-7)和节点数为 272、边数为 524 的英文文献关键词共现图谱(见图 2-8)。根据图 2-7 和图 2-8 节点

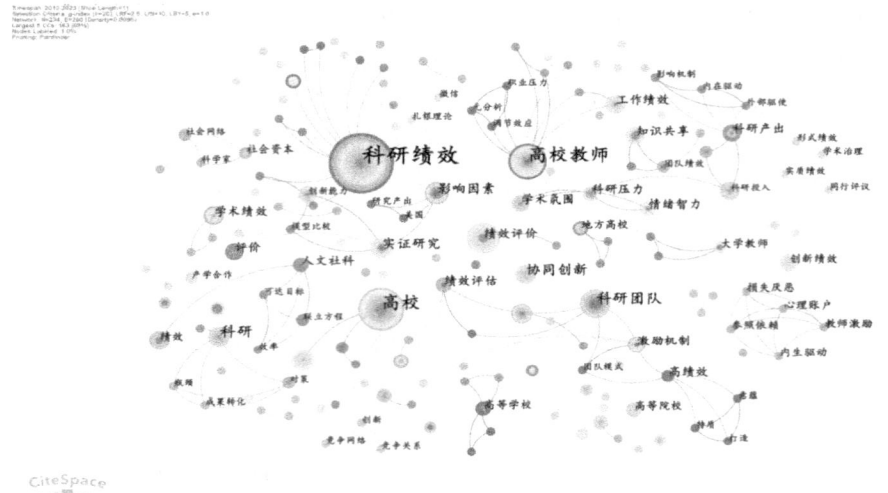

图 2-7　高校科研生产力研究关键词共现图谱(中文文献)

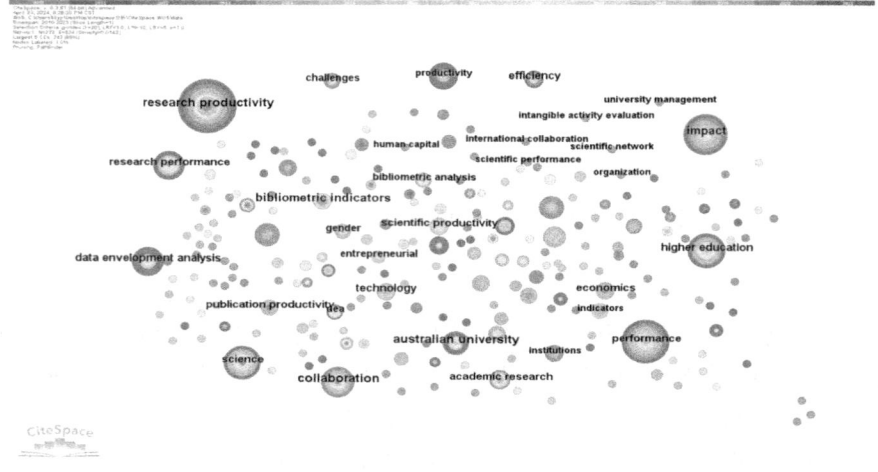

图 2-8　高校科研生产力研究关键词共现图谱(英文文献)

的大小寻找关键词的节点,可以探究高校科研生产力研究热点。在图 2-7 中,提取关键词 234 个,"科研绩效"是图谱中最大的节点。此外,"高校""高校教师""绩效评价""科研团队"等词也较为凸显,其节点相对较大。

在图 2-8 中,提取关键词 272 个,"科研生产力(research productivity)"是图谱中最大的节点,此外,"影响(impact)""绩效(performance)""高等教育(higher education)""科学(science)"等词也较为凸显,其节点相对较大。

同时,CiteSpace 6.3.R1 软件生成高频词的频数和中介中心性列表,如表 2-1 和表 2-2 所示。在表 2-1 中,频次和中介中心性均较高的关键词为"高校""科研绩效""高校教师""科研团队"等;在表 2-2 中,频次和中介中心性均较高的关键词为"影响(impact)""科研生产力(research productivity)""绩效(performance)""科学(science)"等。由此可以看出,这几个关键词之间的关系成为研究热点,凸显了高校科研生产力的要义。

表 2-1 高校科研生产力研究关键词的频次和中介中心性(中文文献)

序号	关键词	频次	序号	关键词	中介中心性
1	科研绩效	52	1	科研团队	0.45
2	高校	25	2	高校	0.32
3	高校教师	19	3	科研绩效	0.25
4	绩效评价	15	4	高校教师	0.23
5	科研团队	13	5	协同创新	0.15
6	绩效	8	6	评价	0.15
7	绩效考核	8	7	知识共享	0.15
8	影响因素	7	8	影响因素	0.14
9	实证研究	6	9	比较优势	0.14
10	科研经费	6	10	实证研究	0.13

表 2-2 高校科研生产力研究关键词的频次和中介中心性(英文文献)

序号	关键词	出现频次	序号	关键词	中介中心性
1	research productivity	49	1	collaboration	0.34
2	impact	31	2	impact	0.27
3	performance	30	3	science	0.23
4	higher education	23	4	Australian university	0.23

续表

序号	关键词	出现频次	序号	关键词	中介中心性
5	science	17	5	research productivity	0.22
6	research performance	15	6	performance	0.17
7	collaboration	13	7	bibliometric indicators	0.17
8	data envelopment analysis	13	8	technology	0.17
9	Australian university	9	9	challenges	0.16
10	management	9	10	higher education	0.14

(2)关键词聚类分析

在共现网络的基础上，采用对数似然比(log-likelihood rate，简称 LLR)方法对文献中关系紧密的关键词进行聚类分析。如图 2-9 所示，得到聚类模块化(modularity)的 Q 值为 0.8683，大于 0.3，表示聚类结果显著；平均轮廓(silhouette)的 S 值为 0.9575，大于 0.7，表明聚类结果具有信服力。经聚类分析，从图 2-9 可知，就关键词聚类分析视角而言，当前高校科研生产力中文文献研究可概分为十一大知识域，分别为#0 科研绩效、#1 高校教师、#2 绩效评价、#3 科研压力、#4 科研、#5 绩效考核、#6 激励机制、#7 影响因素、#8 产学合作、#9 教师激励、#10 科研评价。

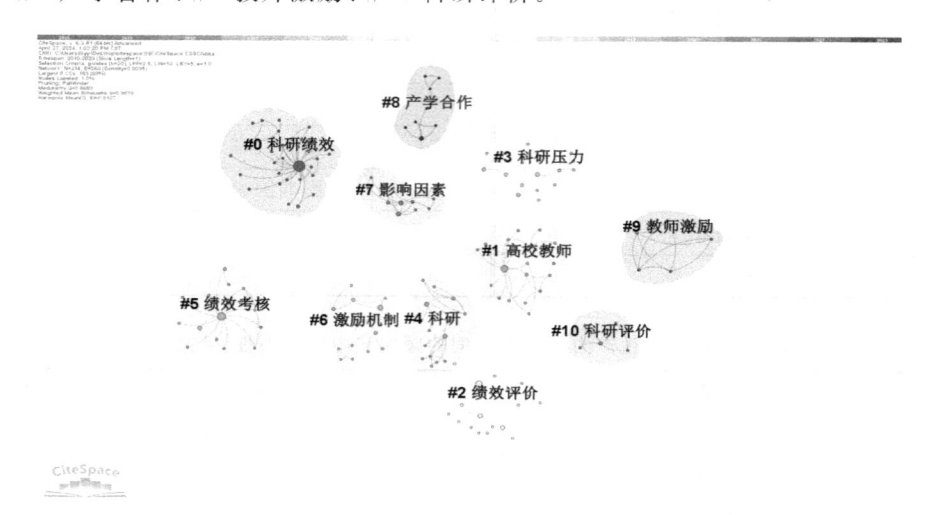

图 2-9 高校科研生产力中文文献关键词聚类图谱

第 2 章 相关文献回顾

通过 CiteSpace 6.3.R1 软件对高校科研生产力中文文献中标签≠0 至标签≠8 进行引文关键词分析,结果如表 2-3 所示。由表 2-3 可知,高校科研生产力中文文献的主要研究方向集中在科研绩效考核与评价、科研人员行为与动机、科研压力与情绪管理、科研管理与激励机制、科研创新绩效与影响因素、产学合作与合作动机等方面。

表 2-3 高校科研生产力中文文献关键词聚类结果

聚类标签	大小	S 值	前五高频关键词
科研绩效	30	1.000	科研绩效、绩效考核、偏好、社会网络、交叉评价
高校教师	19	1.000	高校教师、知识共享、工作绩效、调节效应、同事关系
绩效评价	19	0.907	绩效评价、协同创新、科研项目、高等院校、体系
科研压力	17	0.991	科研压力、情绪智力、大学教师、科研产出、影响机制
科研	15	0.910	科研、抽查评价、教学、效率、自助法
绩效考核	15	0.881	绩效考核、高校、科学研究、科研行为绩效、科研管理
激励机制	13	0.981	激励机制、科研团队、高绩效、绩效评估、科研导向
影响因素	10	0.838	影响因素、实证研究、科研创新绩效、实施现状、扎根理论
产学合作	8	1.000	产学合作、合作广度、合作深度、合作动机、合作行为

进一步对高校科研生产力研究英文文献的关键词进行聚类分析,如图 2-10 所示,得到聚类模块化的 Q 值为 0.7969,大于 0.3;平均轮廓的 S 值为 0.9293,大于 0.7,表明聚类结构显著且合理。由图 2-10 可知,就关键词聚类分析视角而言,当前高校科研生产力英文文献研究可概分为十五大知识域,分别为 ≠0 科研生产力(research productivity)、≠1 高校科研生产力(productivity of university research)、≠2 合作研究(cooperative research)、≠3 外在动机(extrinsic motivation)、≠4 高等教育(higher education)、≠5 跨学科研究(interdisciplinary research)、≠6 产学研合作(university-inndustry collaboration)、≠7 科研效率(research efficiency)、≠8 社会绩效(social performance)、≠9 研究经费(research grants)、≠10 研究型大学(research universities)、≠11 学术人员(academic staff)、≠12 职业满意度(career satisfaction)、≠13 研究与教学的联系(research-teaching nexus)、≠14 学术效率(academic efficiency)。

通过 CiteSpace 6.3.R1 软件对高校科研生产力英文文献中标签≠0 至标

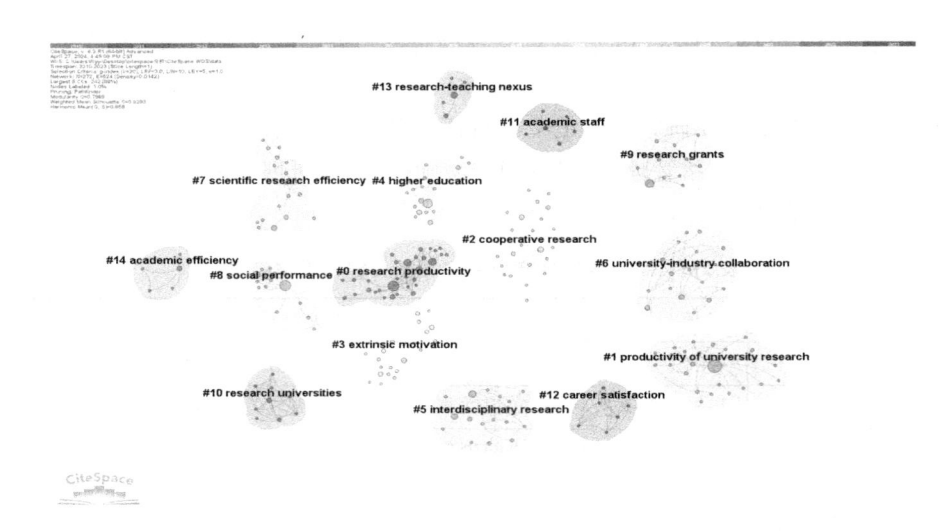

图 2-10　高校科研生产力英文文献关键词聚类图谱

签#8进行引文关键词分析,结果如表2-4所示。由表2-4可知,高校科研生产力英文文献的主要研究方向集中在研究方法与模型应用、学术领导力、跨学科研究、产学合作、研究效率、研究影响等方面。

表 2-4　高校科研生产力英文文献关键词聚类结果

聚类标签	大小	S值	前五高频关键词
research productivity	32	0.897	research productivity, data envelopment analysis, DEA, two-stage network DEA model, Turkiye
productivity of university research	24	0.965	productivity of university research, biomedical research, scientific collaboration, affirmative action, scientific technology
cooperative research	23	0.873	cooperative research, knowledge, distance function, firms, total factor productivity
extrinsic motivation	22	0.958	extrinsic motivation, size, activity, university legitimacy, peer effects
higher education	20	0.937	higher education, citation analysis, academic leadership, multilevel modelling, Russian higher education institutions

续表

聚类标签	大小	S 值	前五高频关键词
interdisciplinary research	18	0.877	interdisciplinary research (IDR)、research impact、the Technical University of Kenya、scientometric、co-authorship index
university-inndustry collaboration	18	0.879	university-industry collaboration、scientific productivity、knowledge and innovation、UIC management mechanism、knowledge workers
research efficiency	18	0.917	research efficiency、applied research、basic research、double first-class construction universities、inbreeding;
social performance	14	0.928	social performance、Chinese university、preference、human capital、g-index

(3)关键词时间线分析

通过关键词共现和聚类分析可以识别出高校科研生产力研究的核心知识域,但难以透析研究领域的演进路径。在关键词聚类时间线图谱中,每一个节点表示该主题首次出现的年份,连线表示两个关键词出现在同一篇或多篇文献中,因此构建关键词聚类时间线图谱,可以更直观地看到每年新出现的主题以及它们所属的聚类,以此来掌握这一领域的发展动态。在 CiteSpace 6.3.R1 软件中,将节点类型设为"Keyword",然后点击"Timeline"视图,就可以获得关键词聚类的时间线图谱(见图 2-11、图 2-12)。

由图 2-11 可知,聚类模块化的 Q 值为 0.8683,大于 0.3;平均轮廓的 S 值为 0.9576,大于 0.7,表明聚类结构显著且合理。从聚类时间轴来看,在中文文献中,#1 高校教师和 #10 科研评价这两大知识域的横线从 2010 年一直延续至 2023 年,而"科研绩效"是这一研究领域中最大的节点。#0 科研绩效这一知识域自 2011 年开始至 2023 年亦一直受到中文文献的持续关注,表明高校教师的科研绩效和科研评价是中文文献中持续研究的热点,具有旺盛发展的研究生命力,有可能成为未来持续研究的方向。在高校科研生产力中文文献研究领域中,#9 教师激励是一直未获得充分研究的知识域,这一知识域为未来的研究提供了新的方向与机会。另外,从中文文献的聚类时间轴可以看出,高校科研生产力研究在 2015 年之前关注科研绩效、高校教师、绩效评价、

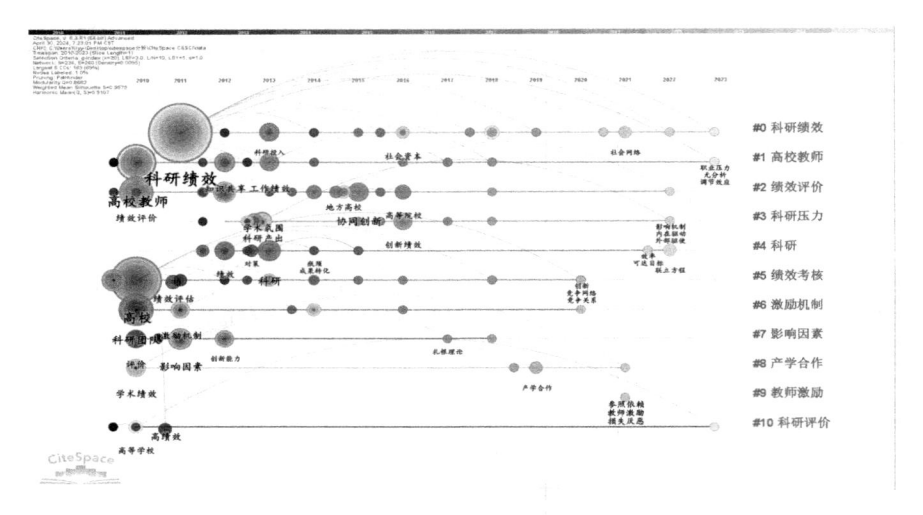

图 2-11 2010—2023 年高校科研生产力中文文献关键词聚类时间线图谱

科研投入、知识共享、学术氛围、科研产出、科研团队、影响因素、成果转化等方面;2015 年至 2019 年,协同创新、社会资本、创新绩效、产学合作等方面成为高校科研生产力研究的关注点;2019 年之后,高校科研生产力研究聚焦创新、竞争网络与关系、社会网络、影响机制、内外在驱动、职业压力、教师激励等方面。

由图 2-12 可知,聚类模块化的 Q 值为 0.7969,大于 0.3;平均轮廓的 S 值为 0.9293,大于 0.7,表明聚类结构显著且合理。在英文文献中,从聚类时间轴来看,"科研生产力(research productivity)"是这一研究领域中最大的节点。#1 高校科研生产力(productivity of university research)这一知识域从 2010 年开始至 2023 年研究热度不减。未来有可能开展持续研究的知识域为:#0 科研生产力(research productivity)、#1 高校科研生产力(productivity of university research)、#4 高等教育(higher education)、#7 科研效率(research efficiency)、#9 研究经费(research grants)、#14 学术效率(academic efficiency)。在高校科研生产力英文文献研究领域中,#12 职业满意度(career satisfaction)是一直未获得充分研究的知识域,这一知识域为未来的研究提供了新的方向与机会。另外,从英文文献的聚类时间轴可以看出,在时间线图谱的左侧节点较大的关键词有科研生产力(research productivity)、学术绩效(academic research)、出版物生产力(publication productivity)、协作(collaboration)、效率(efficiency)、高等教育(higher

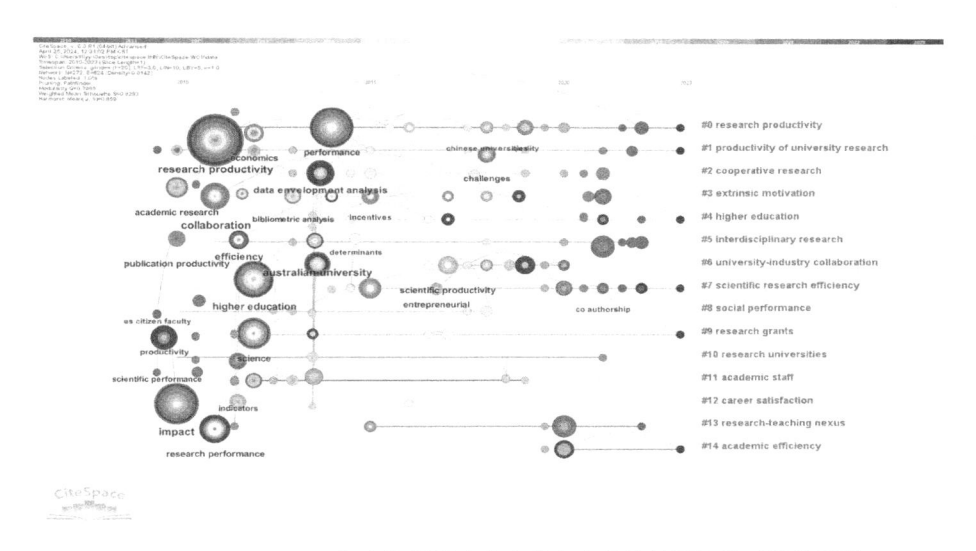

图 2-12　2010—2023 年高校科研生产力英文文献关键词聚类时间线图谱

education)、生产力(productivity)、影响(impact)、科研绩效(research performance)等,表明这些关键词是学者们早期研究的热点;到了研究中期,中国大学(Chinese university)、挑战(challenge)等关键词出现,成为该时期的研究重点;研究后期,未出现明显的关键词,基本保持与前述研究一致。

(4)关键词突现分析

上述分析可以揭示高校科研生产力研究领域的可持续研究热点,但并未揭示该领域的新兴热点。关键词突现分析能够展示高校科研生产力知识动态,预测其未来研究方向。CiteSpace 6.3.R1 软件自带的 Burst detection 即突发性检测,能够检测出某个时间段内频繁出现的内容,可以识别出高校科研生产力研究领域阶段性热点问题,并能解析出研究热点演进脉络。如表 2-5 所示,可将中文文献研究划分为四个阶段:第一阶段(2013 年之前)——高校科研团队研究及评价;第二阶段(2013—2016 年)——科研项目绩效、科研压力与学术氛围;第三阶段(2017—2019 年)——基于实证研究评价科研绩效及确定科研经费;第四阶段(2019 年以后)——科研生产。同样,英文文献研究也可以划分为四个阶段,如表 2-6 所示。第一阶段(2013 年之前)——文献计量指标与学术排名;第二阶段(2013—2015 年)——科研生产力影响因素;第三阶段(2016—2019 年)——科研生产力合作模式;第四阶段(2019 年以后)——基础研究的管理与创新。

从中英文文献关键词突现分析中可以发现,中英文文献研究存在较大差异。从研究内容来看,中文文献专注于科研生产力外延式发展,而英文文献则以科研生产力内涵式发展为主;从研究方向来看,中文文献集中于科研绩效评价方面,而英文文献则在科研生产力提升方面研究颇深;从研究的时间跨度来看,中文文献对某一关键词的研究相对集中,但时间跨度较短,而英文文献研究不集中,但时间跨度较长,研究较为深入。综上所述,中英文文献研究均推动了高校科研生产力的发展,只有加强彼此合作,才能优势互补,实现高校科研生产力国内外研究发展共赢。

表 2-5　高校科研生产力中文文献前 20 位突现词

序号	突现词	强度	突现时段(年份)
1	评价	2.11	2010—2012
2	科研团队	1.27	2010—2012
3	高等院校	1.13	2010—2011
4	科学研究	1.11	2011—2012
5	绩效	2.30	2012—2015
6	科研	1.95	2013—2016
7	科研压力	1.13	2013—2015
8	绩效拨款	1.08	2013—2014
9	对策	1.08	2013—2014
10	科研项目	1.20	2014—2016
11	协同创新	2.04	2015—2017
12	学术氛围	1.22	2015—2016
13	提升	0.95	2015—2016
14	绩效评价	1.87	2016—2018
15	工作绩效	1.77	2016—2017
16	创新绩效	1.61	2016—2018
17	实证研究	1.12	2017—2018
18	科研经费	1.12	2017—2018
19	大学科研	1.07	2018—2019
20	科研生产	1.14	2020—2021

表 2-6　高校科研生产力英文文献前 20 位突现词

序号	突现词	强度	突现时段（年份）
1	bibliometric indicators	1.41	2011—2013
2	indicators	1.35	2012—2014
3	academic ranking	1.21	2012—2013
4	academic staff	1.03	2012—2013
5	biomedical research	0.98	2012—2015
6	computer science	1.18	2013—2014
7	research productivity	1.12	2013—2015
8	determinants	1.18	2015—2016
9	citation analysis	1.06	2015—2017
10	collaboration	1.17	2017—2018
11	age	0.99	2018—2019
12	collaboration patterns	0.94	2018—2020
13	Chinese universities	0.94	2018—2020
14	scientific productivity	1.83	2019—2020
15	management	3.20	2020—2023
16	innovation	1.65	2020—2021
17	basic research	1.41	2020—2023
18	faculty	4.04	2021—2023
19	research output	2.23	2021—2023
20	institutions	1.53	2021—2023

2.2　跨学科科研合作与高校科研生产力的关系

2.2.1　跨学科科研合作阐释

跨学科是一个复杂且多维的概念（黄颖、张琳、孙蓓蓓等，2019），为了更好地理解和界定跨学科科研合作，以跨学科研究作为认识起点是必然的。虽然学者们对跨学科研究的界定并未达成共识,但主要可以划分为两种定义,即工具性定义(Committee on Facilitating Interdisciplinary Research,2005)和过程论定义(Miller,2010)。陈艾华(2018)从两种定义的综合视角出发,认为跨学科研究是指研究人员为探究超出单一学科范畴与界限的复杂问题,整合来自两门或两门以上学科的概念、方法、思想、程序、数据以及术语等,从而诞生创新性科研成果的过程。根据不同学科间基本要素整合程度的不同,跨学科研究涵括多学科研究、复杂学科研究、交叉学科研究以及横断学科研究等,是一个综合的概念。

曾粤亮、司莉(2020)认为,跨学科科研合作是跨学科研究的一个重要组织形式,来自不同学科的研究人员针对面临的共同问题,以促进知识共享与知识融合、创造有价值的科研成果为旨趣,开展不同形式的学术合作研究活动,是推进学科知识创新与经济社会发展的重要途径。跨学科科研合作整合了两门或两门以上学科的专业知识,被一致视为解决复杂科学难题与社会问题所必需的手段(Klein & Falk-Krzesinski,1996)。鉴于跨学科研究的相关概念,本书将跨学科科研合作视为一个综合的概念,根据科研合作中不同学科知识整合程度的不同,可以将跨学科科研合作划分为多学科科研合作、复杂学科科研合作、交叉学科科研合作、横断学科科研合作等形式,是整合两门或两门以上学科知识,对共同的研究问题开展合作的研究活动与过程。在合作研究活动与过程中,可能存在多种科研合作形式并存的现象。

2.2.2 跨学科科研合作对高校科研生产力的影响

2.2.2.1 文献筛选与编码

1. 文献搜索与筛选

为全面搜寻大学跨学科科研合作与科研生产力关系的研究文献,选取WOS数据库和CSSCI数据库,对1990年至2021年4月发表的有关大学跨学科科研合作与科研生产力关系的文献进行搜索。如前文所述,跨学科科研合作是包含多学科科研合作、复杂学科科研合作、交叉学科科研合作以及横断学科科研合作等多种形式的综合概念,而科研生产力涵盖知识生产与知识应用能力,因此以 interdisciplinary cooperation in universities(大学跨学科合作)、multidisciplinary cooperation in universities(大学多学科合作)、pluridisciplinary cooperation in universities(大学复杂学科合作)、

crossdisciplinary cooperation in universities（大学交叉学科合作）、transdisciplinary cooperation in universities（大学横断学科合作）、research productivity（研究生产力）、scientific research productivity（科研生产力）、scientific productivity（科学生产力）、publication productivity（出版生产力）、research output（研究产出）、academic output（学术产出）、scientific output（科学产出）、research performance（研究绩效）、innovation performance（创新绩效）为检索关键词，通过组合关键词或变换关键词来识别文献。截至2021年4月，初步获得481篇文献样本。为避免遗漏重要文献，对481篇文献后面的参考文献进行了查阅，补充了含研究报告、论文集论文、学位论文等在内的相关文献，共获得536篇文献样本。

为保证文献的质量与相关度，随后对536篇文献样本进行人工筛选。第一轮通过人工阅读摘要，排除不适合作为分析大学跨学科科研合作与科研生产力关系这一研究脉络的样本数据，筛选出153篇文献；第二轮通过讨论并咨询相关专家意见，对不确定是否删除的文献进行确定，获得117篇文献；第三轮通过人工阅读全文，剔除研究中心非大学跨学科科研合作与科研生产力两者关系的研究文献，共筛选出25篇文献（见图2-13）。

2. 文献编码

三名研究人员对文献进行独立编码，具体流程如下：第一，鉴于三名研究人员均已对25篇文献进行了全文阅读，因此编码工作始于由三名研究人员充分沟通交流后确定的编码初始类目（见图2-1）；第二，对于每个类目，在文献中有所提及输入1，否则输入0；第三，针对不同编码结果，三名研究人员进行仔细检查，并展开讨论，最终对编码类目达成共识，即高校跨学科科研合作与科研生产力存在直接关系（包括直接正向与负向关系）、两者关系中存在调节变量与中介变量。为判定三名研究人员之间的分析信度，本书的研究利用Holsti(1969)提出的信度计算公式，对三名研究人员之间的交互判别信度进行了计算，结果显示各个类目的研究人员交互判别信度均在0.80以上。另外，本书的编码类目均基于25篇文献，编码过程严格遵循编码程序，且编码工具得到了三名研究人员的一致认可，认为其能够全面捕捉到高校跨学科科研合作与科研生产力之间的关系信息。因此，本书研究中的文献编码具有较高的信度与效度。

```
┌─────────────────────────────────────┐
│          概念界定                    │
│  定义跨学科科研合作和科研生产力      │
└─────────────────────────────────────┘
                  │
┌─────────────────────────────────────────────────────────┐
│                    纳入标准                              │
│  ┌──────────────┐  ┌──────────────────────────────────┐ │
│  │  搜索范围     │  │         搜索关键词                │ │
│  │   WOS        │  │ interdisciplinary cooperation in │ │
│  │   CSSCI      │  │ universities（大学跨学科合作）、  │ │
│  │ 覆盖区间：    │  │ multidisciplinary cooperation in │ │
│  │ 1990—2021.4  │  │ universities（大学多学科合作）、  │ │
│  │              │  │ research productivity（研究生产  │ │
│  │              │  │ 力）、scientific research        │ │
│  │              │  │ productivity（科研生产力）等      │ │
│  └──────────────┘  └──────────────────────────────────┘ │
└─────────────────────────────────────────────────────────┘
           │                                │
┌───────────────────────────┐  ┌────────────────────────────┐
│  初步获得481篇文献样本     │  │ 含研究报告、论文集论文、学   │
│                           │  │ 位论文等在内的相关文献，共   │
│  查阅481篇文献后面的参考文献│  │ 获得536篇文献样本           │
└───────────────────────────┘  └────────────────────────────┘
                  │
┌─────────────────────────────────────────────────────────┐
│                 第一轮排除标准                           │
│ 通过人工阅读摘要，判断研究议题是否注重于探究大学跨学科科研│
│ 合作与科研生产力的关系，筛选出153篇文献                  │
└─────────────────────────────────────────────────────────┘
                  │
┌─────────────────────────────────────────────────────────┐
│                 第二轮排除标准                           │
│ 讨论并咨询相关专家意见，对不确定是否剔除的文献进行确定，  │
│ 获得117篇文献                                            │
└─────────────────────────────────────────────────────────┘
                  │
┌─────────────────────────────────────────────────────────┐
│                 第三轮排除标准                           │
│ 通过人工阅读全文，精细化判断文献是否聚焦于大学跨学科科研 │
│ 合作与科研生产力的关系，剔除研究中心非两者之间关系的文献，│
│ 共筛选出25篇文献                                         │
└─────────────────────────────────────────────────────────┘
                  │
┌─────────────────────────────────────────────────────────┐
│                     文献分析                             │
│ 初步分类：大学跨学科科研合作与科研生产力的直接关系、两者  │
│ 关系中调节变量与中介变量的引入                            │
└─────────────────────────────────────────────────────────┘
```

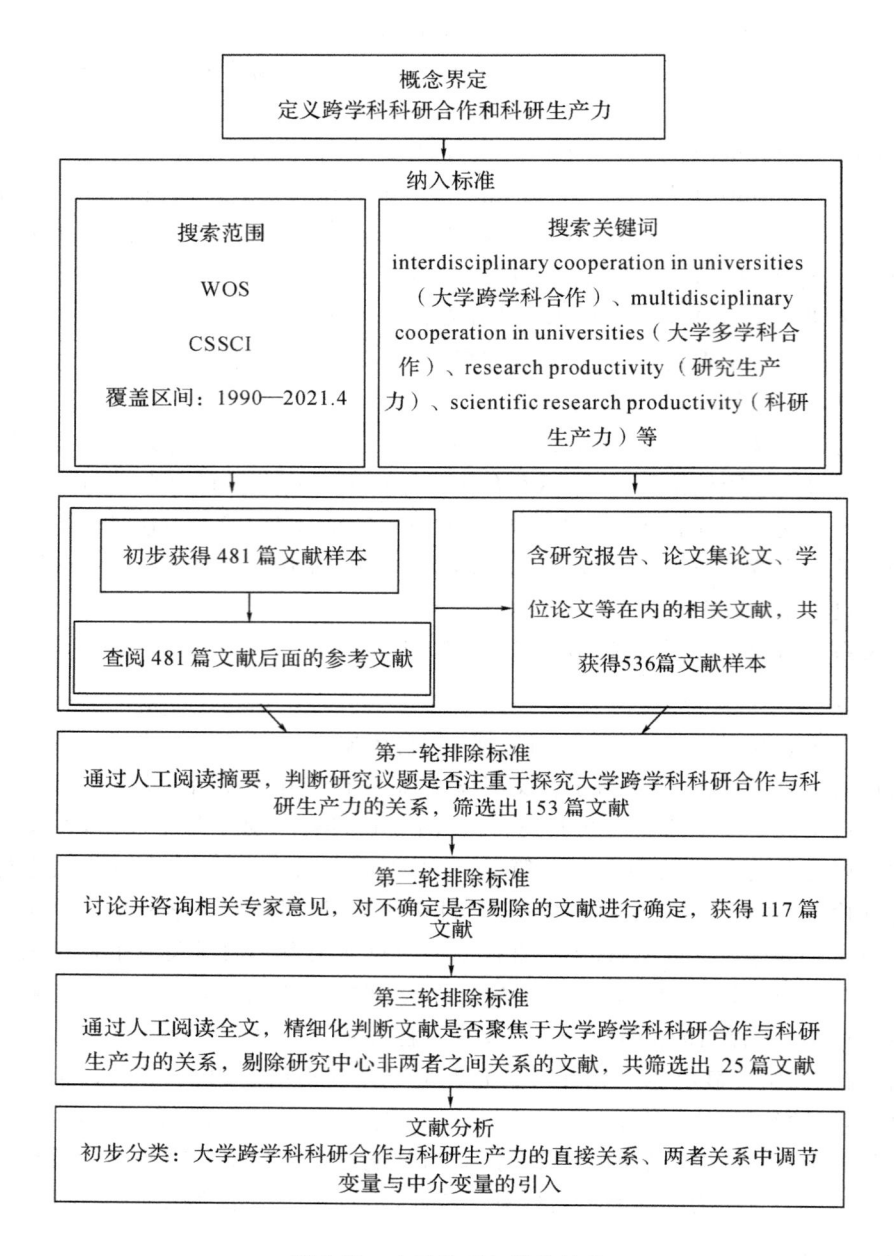

图 2-13 文献检索与筛选过程

2.2.2.2　高校跨学科科研合作与科研生产力关系研究的演进脉络

从文献所涉及的编码类目的潜在演进脉络来看,2018年之前,学者们更多侧重探讨高校跨学科科研合作与科研生产力两者之间的直接关系,论证高校跨学科科研合作会助推或抑制科研生产力的发展;尽管早在2007年有学者引入两者关系中的调节变量,但对两者关系中的调节变量进行系统研究始于2018年,论证组织、环境等情境对高校跨学科科研合作与科研生产力之间关系的影响;与调节变量的引入类似,虽然有学者2013年在高校跨学科科研合作与科研生产力之间的关系中尝试引入中介变量,但学者们于2018年才开始对两者关系中的中介变量进行深入研究,关注的焦点由高校科研生产力能否从跨学科科研合作中受益,转移到通过何种方式与手段受益,试图打开高校跨学科科研合作与科研生产力之间关系的"黑箱",探讨"黑箱"内部的作用机理与规律。因此,高校跨学科科研合作与科研生产力之间关系的理论框架呈现出以"跨学科科研合作—科研生产力"为主线、"跨学科科研合作—调节变量(中介变量)—科研生产力"为支线的特征。

1. 高校跨学科科研合作对科研生产力的直接效应

(1)高校跨学科科研合作对科研生产力的直接正向效应

在剖析传统因素如机构规模(Dundar & Lewis,1998)、机构制度(Ramsden,1994)等对科研生产力影响效应时,学者们发现了高校跨学科科研合作对科研生产力有着重要影响。学者们探究了其中的缘由,发现跨学科科研合作中异质性资源的获取发挥着积极效用。因此,从2005年开始,学者们从组织和个体层面围绕高校跨学科科研合作和科研生产力之间的直接正向关系进行了深入探讨(见图2-14)。

在组织层面,Brint(2005)指出,推进跨学科科研合作是美国顶尖研究型大学普遍视为的组织目标和战略,是美国研究型大学创造未来的新方向,也是美国研究型大学成为引领经济与社会变革的重要引擎的原因。Harris(2010)对科研成果非常突出的哈佛大学、麻省理工学院、斯坦福大学、耶鲁大学等美国21所研究型大学的战略计划、公共演讲和报告等进行分析发现,高校管理者培育促进跨学科科研合作的信念体系,不仅有利于高校跨学科组织营造跨学科科研合作的良好氛围,而且有助于高校跨学科组织在科研上取得突破,以解决复杂的社会问题。Sá(2008)对美国研究型大学的跨学科战略进行了考察,认为这一战略旨在促进跨越传统院系和学科边界而开展合作研究,并以杜克大学为例,分析了杜克大学的跨学科科研合作,指出杜克大学的管理者对有

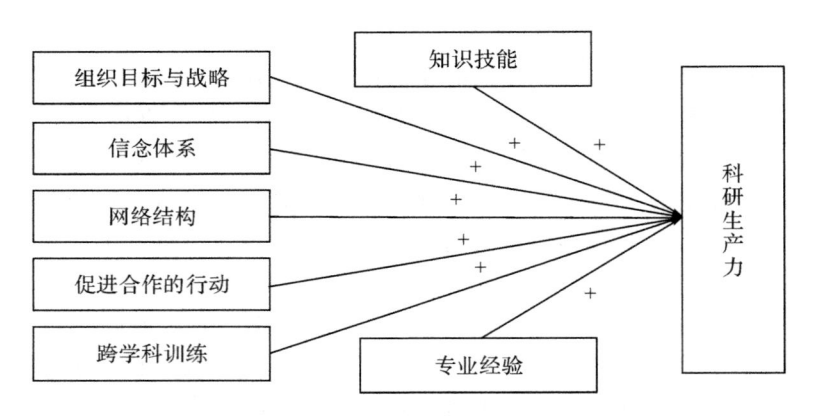

图 2-14 高校跨学科科研合作对科研生产力的直接正向效应概览

关跨学科科研合作的新颖观点非常重视,大胆尝试创建创新性的项目,以传统院系为"横向网络",以跨学科机构为"纵向网络",形成纵横矩阵网络结构,并依托纵横矩阵网络结构,将收集到的新颖观点运用于关键的跨学科组织,因此在跨学科学术研究上成绩斐然。陈艾华等(2010)阐释了美国威斯康星大学麦迪逊分校促进跨学科科研合作的行动,认为这些行动对科研生产力提升存在显著的正向影响效应。美国国家科学院、国家工程院和国家医学院联合出版的经典著作《促进跨学科研究》,阐述了高校层面促进跨学科科研合作的诸多举措,发现这些举措对提升跨学科组织的科研生产力产生着显著的正向影响(Committee on Facilitating Interdisciplinary Research,2005)。美国大学协会(Association of American Universities,2005)也在其报告中对高校管理者在促进跨学科科研合作方面所采取的行动进行了论述,指出这些行动能够扩大知识范围,加深对事物的理解,丰富教育内容,从而推动高校跨学科组织科研生产力的提升。更进一步地,有学者从组织层面对高校跨学科科研合作和科研生产力的直接正向关系进行了实证研究的尝试。如尤莉(2017)对15所省属高校高层次跨学科团队进行调查后发现,高校跨学科团队知识异质性中的知识技能和专业经验对创新绩效存在显著且积极的影响。在个体层面,Millar(2013)对2008年博士学位获得者进行调查后发现,进行跨学科研究增加了个人在学术界获得职位的可能性,与那些从事非跨学科研究的毕业生相比,从事跨学科研究的毕业生有更多的科研成果,原因之一在于从事跨学科研究的人员在团队中工作,可能会更有效率,从而提高研究成果的产生速度。Hellweg 等(2016)发现,博士生进行跨学科训练后,能为科研产出作出巨大贡献,而且他们的科研成果也不断获得奖励。

(2)高校跨学科科研合作对科研生产力的直接负向效应

尽管有极少数学者认为跨学科科研合作与跨学科研究成果产出之间不存在明显的相关关系,但诸多学者们发现跨学科科研合作中产生的一系列群体关系行为如沟通、认知、评价等,会对科研生产力发展产生不利影响。因此,学者们于 2008 年开始围绕高校跨学科科研合作和科研生产力之间的直接负向关系进行了较为全面的探究(见图 2-15)。

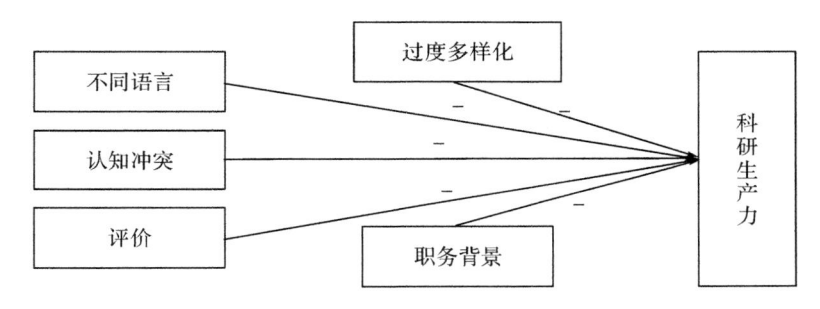

图 2-15 高校跨学科科研合作对科研生产力的直接负向效应概览

Hollingsworth(2008)在对 20 世纪英国、法国、德国和美国的科研组织进行深入调查后发现,合作中过度的多样化,可能会抑制不同领域的合作者进行有效沟通,从而阻碍科学发现与创新。Hung 和 Nguyen(2008)基于社会认同视角,对亚洲一所大型高校和美国东部一所私立大学进行调查后认为,全球虚拟团队合作中来自不同语言群体的成员之间的互动面临潜在的语言困难,这种困难极大地削弱了团队沟通的能力。Deutsch(2014)认为,跨学科科研合作过程中团队异质性会导致团队成员在创新过程中产生认知冲突,从而负向影响团队的创新绩效。魏巍、刘仲林(2011)对国外跨学科评价理论新进展进行了介绍,认为即使按照跨学科项目涉及的领域与学科寻找相应的评价专家,也会产生跨学科整体失位的问题,从而制约科研生产力的发展,这主要缘于处于弱势学科的科研人员力求颠覆当前的权力秩序,处于强势学科的科研人员则试图掌握制定评估标准的权力(张洋磊、张应强,2017),导致评估过程可能会受到因学科而产生的政治性(派系性)或个体性考量的影响,使得评估结果的认可度不高。跨学科团队成员之间的差异使得在跨学科团队中培育具有创造性和生产性的协作关系并非易事,尤莉(2017)通过实证研究发现,高校跨学科团队知识异质性中的职务背景对创新绩效存在负面影响。

2. 在高校跨学科科研合作与科研生产力关系中引入调节变量

学者们在高校跨学科科研合作与科研生产力关系中探讨了调节变量的作用，主要考察领导方式、任务互依性、团队信任等组织变量以及政府支持这一环境变量条件下高校跨学科科研合作对科研生产力的影响（见图2-16）。调节变量界定着高校跨学科科研合作和科研生产力两者关系的边界条件，对两者之间的关系强度或方向产生影响。在高校跨学科科研合作和科研生产力两者之间的关系中引入调节变量，使得两者之间关系的研究逐步深入。

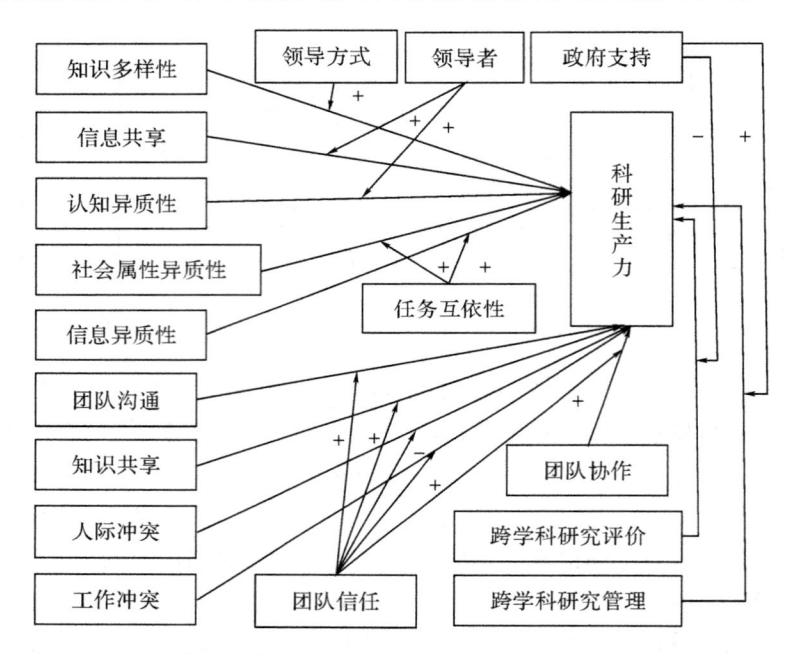

图 2-16 高校跨学科科研合作与科研生产力两者关系中的调节变量概览

在组织变量方面，学者们主要以领导方式、团队信任、任务互依性等为调节变量，阐释了高校跨学科科研合作和科研生产力之间的关系。Van Knippenberg 和 Schippers(2007)指出，变革型领导者鼓励团队成员不畏惧多样性，能减少团队成员的不安情绪，使团队成员在更为轻松的氛围中讨论可能的解决方案，因而变革型领导者能为团队创造一种更为强大的心理安全体系，从而提升创新绩效。他们开创了在高校跨学科科研合作与科研生产力之间的关系中引入调节变量的研究先河。虽然王兴元、姬志恒(2013)在2013年就发现，团队信任在团队沟通、知识共享、人际冲突、工作冲突、团队协作与跨学科交叉创新团队创新绩效之间的关系中起着显著的调节的作用,但对高校跨学科科研合作和科研生产力两者关系中的调节效应进行系统研究始于 2018 年。Li 等(2018)通过对 98 个跨学科团队进行调查分析后发现,领导者的领导方式对跨学科科研合作中的专业知识多样性与团队创新绩效之间的关系发挥着正向调节作用。Salazar 和 Lant(2018)指出,具有适度多学科经验的领导者通过选择跨领域的主题,积极地促进了专家间的信息共享,并吸引了个体关注团队中其他成员的知识和方法,从而促进了跨学科团队的创新绩效。Huang 等(2019)对大学科研团队进行实证研究后发现,变革型领导在认知异质性和创新绩效两者之间的积极关系中发挥着显著的正向调节的作用,但这种调节效应在学科异质性、组织异质性和创新绩效之间的关系中并不存在。李美静(2018)指出,任务互依性对跨学科科研合作中的社会属性异质性和信息异质性与创新绩效的关系起着正向调节的作用,但在价值观异质性与创新绩效关系中的调节作用不存在。在环境变量方面,Chen 和 Wang(2021)对高校科研团队中 314 名科研人员进行调查分析后发现,政府支持负向调节跨学科研究评价与科研生产力的关系,正向调节跨学科研究管理与科研生产力的关系,但在科研团队构建、跨学科研究运行、科研团队与产业界的联系这三个维度与科研生产力的关系中,政府支持的调节效应并不显著。

3. 在高校跨学科科研合作与科研生产力关系中引入中介变量

在高校跨学科科研合作与科研生产力两者的关系中,学者们引入中介变量,通过中介变量的不同作用机理获取两者之间关系的解释,试图进一步揭示高校跨学科科研合作与科研生产力两者关系这一"黑箱"内部的作用机理,从而明确从高校跨学科科研合作到科研生产力的中间转换路径(见图 2-17)。

王兴元、姬志恒(2013)拉开了在高校跨学科科研合作与科研生产力两者关系中引入中介变量的研究序幕。他们指出,团队沟通、团队知识共享、工作冲突以及团队协作等团队互动要素在跨学科创新团队伪隐性知识异质性与团队创新绩效两者之间的关系中发挥着显著的正向中介效应,而团队知识共享、团队人际冲突等团队互动要素在跨学科创新团队真隐性知识异质性与团队创新绩效两者之间的关系中发挥着显著的负向中介效应。2018 年,对高校跨学科科研合作与科研生产力两者关系中的中介变量展开研究的文献激增,引发了广泛关注。陈艾华、吴伟、王卫彬(2018)以高校跨学科组织为研究对象,实证分析了跨学科组织合理性及其与产业界的联系这两个维度与科研生产力的关系,结果发现,跨学科研究管理体制、运行机制和评价机制在这两个维度与

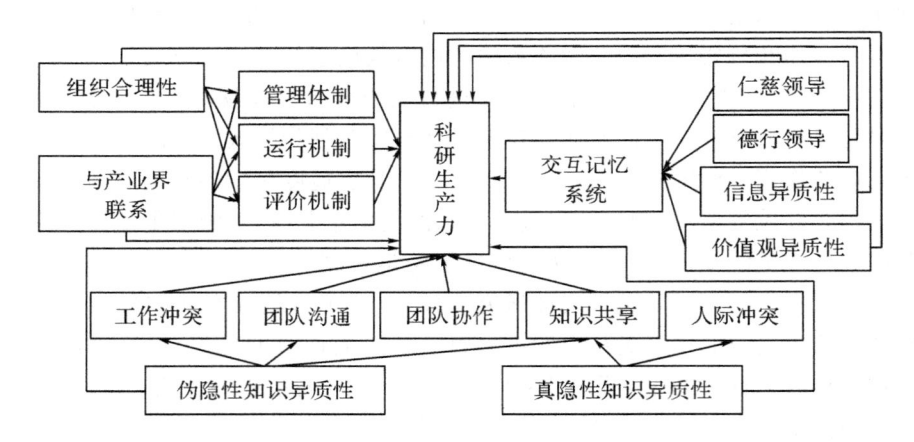

图 2-17　高校跨学科科研合作与科研生产力两者关系中的中介变量概览

科研生产力的关系中均发挥着中介效应。赵文平、聂聚宾（2018）以 130 个跨学科团队为调查对象，研究了跨学科科研合作中的家长式领导与跨学科团队创新绩效的关系后认为，交互记忆系统在仁慈领导、德行领导与跨学科团队创新绩效的关系中均发挥着中介作用，但交互记忆系统的中介效应在威权领导与跨学科团队创新绩效的关系中并不存在。李美静（2018）对跨学科科研合作中团队异质性与创新绩效的关系进行了研究，发现交互记忆系统在信息异质性、价值观异质性与创新绩效的关系中起着中介作用。

2.3　产学研协同创新与高校科研生产力的关系

2.3.1　产学研协同创新是高校科研生产力发展的重要情境

合作网络的日益拓展与团队优势的日益凸显表明，合作对创新思想的形成和工作绩效的提升尤为关键（Wuchty, Jones & Uzzi, 2007；张金福、王维明, 2013；鲁若愚、周阳、丁奕文等, 2021）。产学研协同创新作为合作的一种创新形式，由于其产生的深远影响而受到了广泛关注（Leydesdorff & Etzkowitz, 2001；Belderbos, Carree & Lokshin, 2004；孟丽菊、刘则渊, 2006；陈钰芬、陈劲, 2009；原长弘、张树满, 2019；肖振红、范君荻、李炎, 2021）。

就资源观视角而言,在产学研协同创新的情境下,高校可以整合外部公共知识以弥补内部的知识落差(Arza,2010;姚艳虹、周惠平,2015;陈伟、王秀锋、曲慧等,2020),有效实现各类创新资源的突破和融合(Cohen,Nelson & Walsh,2002;Subramanian,Lim & Soh,2013)。就交易成本视角而言,高校在产学研协同创新的情境下可以降低知识交易成本,获得知识溢出效益和降低研发成本(Brockhoff,1992;Eom & Lee,2010)。实践经验和理论研究均表明,高校有效开展产学研协同创新能获得新的科学知识和新发现(Gomes-Casseres,Hagedoorn & Jaffe,2006;曹霞、于娟,2016),是科研生产力发展的重要情境(Nelson,2004;Azoulay,Ding & Stuart,2007;Calderini,Franzoni & Vezzulli,2007;王凯、邹晓东、吕旭峰,2013;Barletta,Yoguel,Pereira et al.,2017)。

近年来,随着产学研协同创新理论框架和实证研究方法应用的不断整合,国内学者对国外产学研协同创新研究成果的继承和创新也不断加强。高校作为产学研协同创新知识生态系统中的一个生态角色(张国昌、胡赤弟,2017),虽然发挥着知识生产者的功能(方刚、谈佳馨,2020),但通过产学研知识协同,高校能更好地理解市场需求,找准科研方向(何郁冰、张迎春,2017),吸收异质性知识(薛澜、姜李丹、黄颖等,2019),实现整合创新(王海军、成佳、邹日崧,2018)。在协同创新发展的不同阶段,高校需要匹配不同的学习机制获取知识(张军、许庆瑞、张素平,2014),以提升创新能力(庄亚明、穆荣平、尤海燕,2010)。

2.3.2 产学研协同创新情境下高校科研生产力的影响因素

科研生产力是内在因素和外在因素相互作用的产品(Blackburn & Lawrence,1995)。在个体层面(内在层面),高校教师的个体特征如个性、能力、兴趣、年龄、性别、种族等直接且显著影响科研生产力(Abramo,D'Angelo & Caprasecca,2009;Joecks,Pull & Backes-Gellner,2014;Quimbo & Sulabo,2014;张珣、徐彪、彭纪生等,2014;梁文艳、周晔馨,2016)。在环境层面(外在层面),高校所拥有的资源、声誉、政策等影响着科研生产力(Long,Crawford,White et al.,2009;Hassan,Tymms & Ismail,2008;Edgar & Geare,2013;王仙雅、林盛、陈立芸,2013)。

产学研协同创新作为高校所拥有的资源,可以促使教师产生进一步研究的灵感(Fini,Grimaldi & Sobrero,2009;Baldini,Grimaldi & Sobrero,2007),

为高校科研生产力提升提供了一条路径(何建坤、孟浩、周立等,2007;刘和东、施建军,2009;Göktepe-Hulten & Mahagaonkar,2010),是影响高校科研生产力发展的一个至关重要的因素。

2.4 既有研究现状述评

2.4.1 跨学科科研合作与高校科研生产力关系述评

跨学科科研合作模式下高校科研生产力提升研究是跨学科科研合作的进一步深入与拓展。已有的跨学科科研合作聚焦于跨学科科研合作的实施困境,对破解跨学科科研合作困境从而提升科研生产力的研究还显匮乏。跨学科科研合作中的"学科壁垒"带有强烈的人为封闭性和内部行为独断性,使跨学科科研合作人员面临各种障碍(Vest,2005;钱佩忠,2007),严重影响高校科研生产力发展。尤为重要的是,目前学术界的评价制度——同行评议使跨学科科研合作人员的研究成果往往在考核中得不到真正的反映,大大挫伤了其从事跨学科科研合作的积极性(郭中华、黄召、邹晓东,2008)。高校必须从体制内释放能量,建立跨学科科研合作发展状态的共享服务体系(University Leadership Council,2009)和评估体系(孙萍、朱桂龙、赵荣举,2001),引导科研人员从事跨学科科研合作,调动他们开展跨学科研究的创新活力。

近年来,随着跨学科科研合作理论框架和实证研究方法应用的不断整合,国内学者对国外跨学科科研合作成果的继承和创新也不断加强。文少保、杨连生(2010)对国外跨学科组织的科学研究进行了理论剖析和经验性总结。刘仲林(2003)对跨学科相关概念进行诠释,指出跨学科研究是推动原始创新的重要思想源泉。谢彩霞、刘则渊(2006)认为跨学科研究是实现跨学科研究生产各要素间有机结合的中间介质,使 1+1>2 的跨学科研究生产效能得以实现。更进一步地,王晓红、金子祺、姜华(2013)对跨学科团队的知识创新及其演化特征进行了实证研究的尝试。然而,已有研究模糊了跨学科科研合作与科研生产力之间的界限,使得将跨学科科研合作与科研生产力同时纳入研究框架后阐述不够深入。

总体而言,已有研究取得了较具创新性的研究成果,但还存在以下几个方面的缺陷:第一,由于跨学科科研合作理论本身的不足,在很大程度上影响了高校科研生产力提升机制的构建,从而影响了高校科研生产力的提升与发展;第二,跨学科科研合作与科研生产力的逻辑关系已被学术界和实践界所关注,但两者之间的深层次关系还需进一步解析;第三,尽管跨学科科研合作情境下高校科研生产力显示出的巨大自主创新力量已经成为关注的焦点,但人们对此感性议论的多,从轶事性分析层面上所获取的理论研究结论缺乏实证研究的验证和经验证据的支持。

2.4.2 产学研协同创新与高校科研生产力关系述评

已有研究取得了较具创新性的研究成果,为后续研究提供了重要理论参考价值,在一定程度上为产学研协同创新环境下高校科研生产力提升指明了方向,但具体研究产学研协同创新环境下高校科研生产力提升的研究并不多见。产学研协同创新模式下高校科研生产力提升研究是产学研协同创新的进一步深入与拓展。已有的产学研协同创新研究聚焦于产学研协同创新的实施困境,对破解产学研协同创新困境从而提升高校科研生产力的研究还显匮乏。因此,产学研协同创新对高校科研生产力的影响是亟待深入研究的一个热点议题(朱桂龙、张艺、陈凯华,2015)。更进一步地,王晓红、张少鹏、张奔(2021)基于组织层次和省域跨层次双重视角,对产学合作与高校创新绩效的关系进行了空间计量研究的尝试。然而,已有研究模糊了产学研协同创新与科研生产力两者之间的界限,使得将产学研协同创新与科研生产力同时纳入研究框架后阐述不够深入。

总体而言,尽管近年来有关产学研协同创新与高校科研生产力关系研究的文献有增多的趋势,但为了弥补现有研究的不足,有必要从整体的、系统的层面理论结合实证探求产学研协同创新对高校科研生产力的影响机制过程。

2.5 本章小结

作为本书研究的理论视域,本章在对相关文献进行回顾的过程中,主要对科研生产力进行了释义,并系统梳理了高校科研生产力研究脉络;在阐释跨学科科研合作与科研生产力的关系中,对跨学科科研合作进行了界定,并从理论视角分析了跨学科科研合作对高校科研生产力的影响;在回顾产学研协同创新与高校科研生产力的关系中,解析了产学研协同创新是高校科研生产力发展的重要情境,并剖析了产学研协同创新情境下高校科研生产力的影响因素;在本章的最后分别从跨学科科研合作这一内部协同视角和产学研协同创新这一外部协同视角对既有研究现状进行了述评。

第 3 章　内部协同视域下促进高校科研生产力提升的政策

跨学科合作是高校科研生产力提升的动力之源,世界各国纷纷采取各种政策与举措促进跨学科合作,以提升高校的科研生产力。我国也出台了诸多促进跨学科合作的政策,以此激活高校科学研究的创新活力,促进高校科研生产力的发展。本章梳理和剖析了我国 2002—2022 年促进跨学科合作的 41 份政策,探究了我国促进跨学科合作政策的演进图景,包括演进历程和演进框架,并解析了我国促进跨学科合作政策的演进逻辑,包括演进模式和演进的结构性分析,以探析我国促进跨学科合作政策的演变规律和发展方向,从内部协同视域研究促进跨学科合作政策与高校科研生产力提升的匹配性。

3.1　研究缘起

步入开放科学时代,科学问题的范围、规模日益扩大,复杂性日趋增强,单凭某个学科领域的知识和范式已经难以解决复杂的科学难题,跨学科合作逐渐成为科学研究的必然趋势。跨学科合作不仅是科研人员知识、认知、思维等个体资源的聚合,同时也是科研人员所在科研环境、设备配置、网络关系等组织资源的优势组合(张玲玲、王蝶、张利斌,2019)。20 世纪,172 位诺贝尔生理学或医学奖获得者的获奖成果中 53% 的原创性成果涉及其他学科体系(刘仲林、赵晓春,2005)。到了互联网时代,从信息技术、生物技术、纳米技术和认知科学之间的融合与集成,到大数据和人工智能的发展以及更广阔领域的拓展,处处体现出跨学科研究的时代价值和影响力(樊春良,2018),跨学科合作已经成为推动科学创新发展的动力源泉。

我国出台了诸多促进跨学科合作的政策，习近平总书记亦在多个场合中强调，依靠跨学科和大协作开展协同创新对我国科技创新和国家发展具有重大战略意义。高校科研生产力的发展在很大程度上依赖于促进跨学科合作政策的完善，当前围绕跨学科合作开展的相关研究虽多，但从政策工具视角系统解读促进跨学科合作政策文件的研究较为鲜见，这不仅影响着跨学科合作成效，还影响着高水平科技自立自强的实现。鉴于此，本书的研究运用政策工具理论和历史制度主义理论，剖析 2002—2022 年的促进跨学科合作政策文件，力求在较大时间跨度上解析促进跨学科合作政策文件，为更好地阐释促进跨学科合作的当代意蕴提供参鉴。

3.2 促进跨学科合作政策的演进图景

本书研究所搜集和筛选的样本均是国家层面可公开获取的政策文本，检索时间范围为 2002—2022 年，具体检索过程如下。首先，以"跨学科"为关键词，主要从国务院政策文件库、教育部官网、科技部官网中检索政策文本。[①] 由于促进跨学科合作的内容大多包含在综合性政策中，检索时不局限于标题，而是将正文含有促进跨学科合作、学科交叉等内容的政策文本都包括进来。其次，为确保政策文本的权威性、准确性和代表性，按照以下原则进行政策文本的二次整理：(1)政策文本类型主要为法律法规、意见、通知、纲要等，不包括函、批复、讲话、工作报告等；(2)政策文本内容要与促进跨学科合作有密切关系，明确提及"跨学科合作""跨学科研究""交叉学科研究"等词语，直接反映了对促进跨学科合作发展的态度或包含促进跨学科合作的措施、方法。根据以上步骤，最终确定与促进跨学科合作相关的政策文件为 41 份。

在已搜集到的 41 份文件中，政策文本类型主要集中分布在"意见""通知""纲要"三种形式，其中通知类文本 24 份(58.54%)，意见类文本 12 份(29.27%)，纲要类文本 4 份(9.75%)，法律法规类文本 1 份(2.44%)，总体来看，强制性规定偏少。对政策文本出台时间进行观察(见图 3-1)，可以发现 2005 年前包含促进跨学科合作内容的政策文本较少，自 2010 年后政策发布频率趋于稳定，促进跨学科合作政策数量增加，国务院、教育部、科技部等发布

---

① 由于有联合发文机构，故后文会出现中国社会科学院、中国工程院、中国科学院等机构。

的政策开始比较频繁地提及跨学科合作、跨学科研究,如何促进跨学科合作越来越受到国家层面的重视。

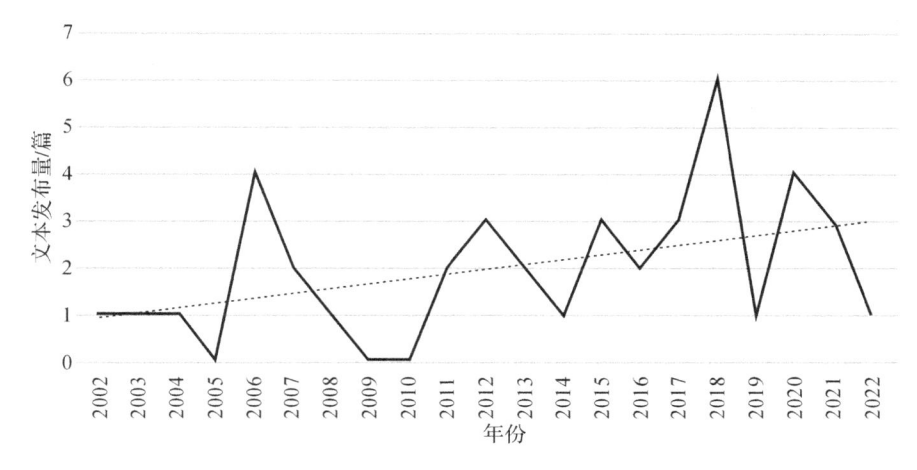

图 3-1 2002—2022 年促进跨学科合作政策文本发布数量

从发文主体来看(见表 3-1),共涉及 15 个部门,以教育部(20 份)、国务院(14 份)和科技部(10 份)为主,这三个部门是推动跨学科合作的中坚力量。整体来看,从 2018 年之后联合发文的政策文本数量开始增多,联合发文的部门有财政部、国家发展和改革委员会、中国社会科学院、国家自然科学基金委员会等。利用 Ucinet 自身集成的 Netdraw 绘图软件绘制联合发文部门的协同合作网络(见图 3-2),可以发现,不同部门协同合作网络已初步形成,更好地保障了各类跨学科合作形式的科学研究活动顺利进行,提升了我国科技创新能力。

表 3-1 发文主体构成和各阶段数量分布

名称	2002—2005 年	2006—2010 年	2011—2020 年	2020 年以后	合计
国务院	—	3	11	—	14
教育部	3	2	13	2	20
科技部	1	2	6	1	10
财政部	—	—	4	3	7
全国人大常务委员会	—	—	—	1	1
中国社会科学院	—	—	1	—	1
国家发展和改革委员会	—	—	3	2	5

续表

名称	2002—2005 年	2006—2010 年	2011—2020 年	2020 年以后	合计
中国科协	—	—	1	—	1
中国科学院	1	—	3	—	4
中国工程院	1	—	1	—	2
国家自然科学基金委员会	1	—	2	—	3
中国人民银行	—	—	—	1	1
中央网信办	—	—	—	1	1
工信部	—	—	—	1	1

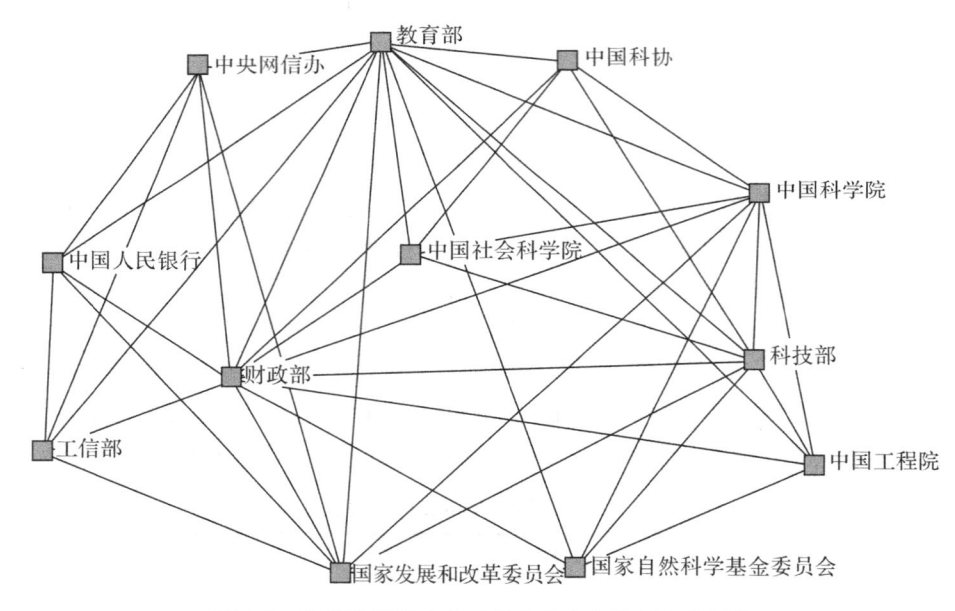

图 3-2 促进跨学科合作政策发文主体协同合作网络

3.2.1 促进跨学科合作政策的演进历程

为进一步对目标文件进行深入研究，本书的研究根据本领域标志性文件或重大关键政策颁布的时间节点，结合促进跨学科合作政策文本内容的关联性与延续性，对 2002—2022 年的政策演进历程进行了如下的阶段划分。

1. 萌芽期:探索发展(2002—2005年)

我国的跨学科活动起步时间相对于西方发达国家较晚,1985年,刘仲林首次提出了"跨学科学"。1990年,国内第一部"跨学科学"专著《跨学科学导论》出版,围绕跨学科展开了详细讨论。刚刚步入21世纪时,跨学科合作的现象在中国科学界仍然较少出现。2004年,中国科协主席周光召院士出席武汉市首届学术年会时指出,科学家过于封闭,很少进行跨学科的合作,这是中国科学界还存在的一个大问题(陈恕浓、陶虹,2004)。这一时期提到跨学科合作的政策较少,政策中包含的切实推动跨学科合作发展的举措也比较单一,主要措施在于鼓励高校发挥学科综合优势,推进跨学科集成、多学科合作和新学科开创,同时开始着力培育高水平的国家重点科研基地,以形成局部优化的科研环境和优势。在国家政策的号召下,同时顺应国际跨学科发展趋势,该阶段一些跨学科研究平台相继建立,为解决科学和社会重大问题提供了不同的思路,例如山东大学的卫生管理与政策研究中心(2002年6月)、浙江大学的跨学科社会研究中心(2003年4月)、北京大学的前沿交叉学科研究院(2006年4月)等。

2. 发展期:规范进取(2006—2010年)

2006年是"十一五"的开局之年,跨学科合作作为推动国家科技创新发展长远规划中的一项重要内容,政策发展步入一个新的阶段。

该阶段的政策总体变化特点:一是促进跨学科合作内容的政策数量增加,但是发布频率仍然较不稳定,就已经搜集到的政策文本来看,2006年政策发布量最高,但是2009年、2010年暂未找到有国家级政策明显涉及促进跨学科合作;二是相较前一阶段,国家层面对跨学科合作的重视程度有明显提升,支持力度加大,对跨学科合作项目有政策倾斜,例如2006年《教育部人文社会科学研究项目管理方法》指出要对跨学科合作的课题予以优先资助,之后又有政策规定了不同学科、不同领域、不同机构的研究人员联合承担项目课题的数量在项目课题总量中所占比例原则上不能低于30%(科技部,2007)。

3. 提升期:稳步推进(2011—2020年)

深化科技体制改革,加快国家创新体系建设是"十二五""十三五"规划工作的关键任务。《国家创新驱动发展战略纲要》提出了我国到2050年建成世界科技创新强国"三步走"的战略目标,推进跨学科合作作为国家创新体系建设的重点工作,在这一阶段获得了更多的关注度。

经过前阶段的推进,跨学科合作"具备"的优势和存在的问题这时也更多地显露出来。这一时期,鼓励跨学科合作、提供利于促进跨学科合作方案的政策文件的数量明显变多,而且发布密度增加,发文主体中国务院的比例也明显提高。政策内容多样化,涉及范围更广泛,包括加强创新基地和基础条件平台建设、加强跨学科人才的培养与引进、鼓励高等院校和科研院校开展跨学科合作、完善科技创新团队评价方法等,并开始突出国际视野,其间一些政策提到要主动融入全球创新网络,打造国际合作新平台,共同应对全球关注的重大科学挑战(国务院,2018)。

4. 优化期:巩固完善(2020年以后)

2020年以来联合发文的政策文本数量较多,不同部门相互协作促进科技创新进步。这一阶段国家政策对跨学科合作的支持力度继续增加,围绕平台搭建、设施建设、人才培育、资金保障、评估标准制定等多方面提出改进策略,对促进跨学科合作大有裨益。但是,目前我国的跨学科政策和研究仍缺乏顶层设计,在问题研究上还没有形成系统性认识,而西方一些发达国家早已出台了国家层面的跨学科研究报告,如荷兰国家科技政策委员会的《1+1>2,促进荷兰的多学科研究》(2003)、美国国家科学院的《促进跨学科研究》(2004)。因此,我国促进跨学科合作政策在未来还有更大的优化完善空间。

在此需要特别说明的是,以上四个阶段的划分只是一种大致态势上的划分,并不是封闭性的。总体来看,我国促进跨学科合作政策内容的覆盖面较广。对编码后的政策文本进行词频统计(见图3-3),显示位列前十的关键词分别是:学科、创新、研究、交叉、科学、国家、人才、发展、建设、重大。虽然国家层面的许多政策都明确了跨学科合作研究的重要性,从场地、设施、人才、经费等不同维度制定了促进跨学科合作的政策,但是内容较为分散,几乎都分布在综合性政策文件中,缺少专门针对跨学科合作作出系统性、全局性说明与规划的政策文件。因此,各相关部门在执行推进跨学科发展工作时需要进一步加强协作和整合,加强对跨学科合作的激励、引导,为跨学科合作的顺利开展提供系列保障。

图 3-3 我国促进跨学科合作政策词云概览

3.2.2 促进跨学科合作政策的演进框架

1. 促进跨学科合作政策的二维分析框架构建

从政策工具视角对促进跨学科合作政策文本进行内容分析,有助于理解政策发布的选择逻辑和目标理念。虽然学者们根据不同标准将政策工具划分为不同类型,但在科技、创新、创业就业等政策领域,Rothwell 和 Zegveld(1985)根据政策的直接与间接作用将政策工具分为供给型、需求型和环境型,这一分类方式得到了广泛的运用。因此,本书的研究借鉴 Rothwell 和 Zegveld(1985)的政策工具分类方式,结合跨学科合作的特征,将促进跨学科合作政策工具分为三大类十小类,以此作为分析促进跨学科合作政策文本的 X 维度,并参照跨学科合作研究相关文献,对政策内容进行筛选、分类、归纳,提取出政策工具的名称和含义(见表 3-2)。

表 3-2 政策工具名称及含义

政策工具名称		政策工具含义
供给型政策工具	基础设施建设	完善跨学科合作设施建设,搭建科研协同平台、跨学科研究机构、重点科研基地等。
	人才引育与支持	培养、引进跨学科人才,为人才培养提供经费支持和制度保障,开拓人才交流渠道,促进跨学科学科团队组建。
	资金保障	加大投入跨学科研究经费,对跨学科合作的资助有所倾斜。
	公共服务	优化跨学科合作管理、服务体系的举措或建议,如建立国家实验室稳定支持机制、健全产学研协同创新机制等。
需求型政策工具	重点领域引导	面向国家战略需求,引导重点领域展开跨学科合作,如人工智能、能源资源、生命健康等领域。
	国际合作	强化国际跨学科合作,参与国际大科学计划和大科学工程。
环境型政策工具	鼓励号召	鼓励跨学科联合攻关,营建规范有序、更具活力的学科发展环境。
	目标规划	把推进跨学科合作、跨学科研究列入中长期规划。
	评价机制	建立健全跨学科学术评价机制。
	学科体系调整	提倡高校打破学科壁垒,促进学科交叉融合,根据实际情况进行学科设置调整,推动新兴学科和交叉学科发展。

以促进跨学科合作政策的演进历程作为 Y 维度,按照前述分为萌芽期(2002—2005 年)、发展期(2006—2010 年)、提升期(2011—2020 年)、优化期(2020 年以后)。通过对政策工具理论和促进跨学科合作政策演进历程的梳理,构建促进跨学科合作政策的二维分析框架(见图 3-4)。

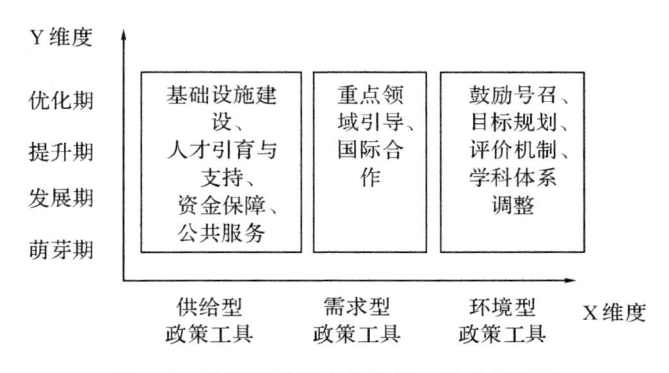

第3章 内部协同视域下促进高校科研生产力提升的政策

```
Y维度
优化期
提升期      [基础设施建  [重点领   [鼓励号召、
发展期       设、       域引导、   目标规划、
            人才引育与   国际合    评价机制、
萌芽期       支持、      作]       学科体系
            资金保障、             调整]
            公共服务]

            供给型      需求型     环境型      X维度
            政策工具    政策工具   政策工具
```

图 3-4 促进跨学科合作政策二维分析框架

2. 促进跨学科合作政策的演进阶段整合剖释

为了准确地对所搜集到的政策文本进行内容分析,本书的研究借助了 Nvivo12 plus 作为分析工具。Nvivo 是强大的定性分析软件,可以分析许多不同类型的数据,如文本、图像、音频和视频等,已广泛应用于政策文本分析中。在进行内容分析前,需要确定分析单元。一般认为只要能与分析内容建立联系且易提取的单词、句子、段落甚至篇章都可以作为分析单元(陈振明,2003)。确定内容分析单元之后,将搜集到的政策文本导入 Nvivo 软件中,建立树状节点,将政策工具确立为根节点,将其包含的基础设施建设、人才引育与支持、资金保障、学科体系调整等内容确立为子节点,根据分析单元原则,对政策文件逐一阅读,最终获得编码点。

我国政府部门促进跨学科合作政策工具使用情况如表 3-3 所示,分布统计结果可以反映出三种类型的政策工具在样本总体中所占比重。从统计结果来看,41 份政策文本共编码 221 条,其中供给型政策工具(52.94%)最多,排第二位的是环境型政策工具(27.15%),需求型政策工具(19.91%)相对最少。由此可见,当前政府部门主要通过供给型政策工具来推动跨学科合作,同时比较频繁地利用环境型政策工具为跨学科合作营造出有利于学术交流、学科交叉和融合的良好环境。需求型政策工具使用较少,在政策制定时政府部门对需求型政策工具还不够重视。未来,相关政策需要以市场需求为发展契机,提升研究主体参与跨学科合作的动力,进一步促进跨学科向创新发展要素集合,激发跨学科合作发展的市场活力。

供给型政策工具中使用次数排第一位的是人才引育与支持(24.43%)。结合具体政策文本内容,这一政策工具的主要做法一是吸引国内外优秀人才

表 3-3　促进跨学科合作政策工具类型

政策工具类型	工具名称	频数	占比	频率
供给型政策工具	基础设施建设	44	19.91%	52.94%
	人才引育与支持	54	24.43%	
	资金保障	7	3.17%	
	公共服务	12	5.43%	
需求型政策工具	重点领域引导	24	10.86%	19.91%
	国际合作	20	9.05%	
环境型政策工具	鼓励号召	28	12.67%	27.15%
	目标规划	4	1.81%	
	评价机制	16	7.24%	
	学科体系调整	12	5.43%	

开展交流,组建学术团队进行跨学科、跨领域的合作;二是加强跨学科复合型人才的培养力度,因为跨学科人才与单一学科专业培养出来的人才相比,一般具有更强的社会适应性和工作创造性(陈艾华、陈婵,2016)。使用次数次之的是基础设施建设(19.91%),许多政策文件提到要加强创新基地和基础条件平台建设,促进资源集成和共享,为跨学科合作提供支撑。从中可以看出,政府部门更倾向于采取对场所、平台、仪器设备等要素的直接供给来促进跨学科合作。这一类型政策工具中使用频次较少的是资金保障(3.17%)和公共服务(5.43%),显示出供给型政策工具内部不均衡的问题,有必要继续优化跨学科合作管理、服务体系,并加大专门对跨学科合作项目的资助力度。

需求型政策工具中重点领域引导(10.86%)和国际合作(9.05%)的使用频次相当。多份政策从发展需求的视角出发,在新兴、前沿和交叉学科领域不断强调要开展跨学科合作,通过需求驱动实现了对促进跨学科合作的拉动作用。而政策演变进入发展期后,越来越多的政策文件鼓励国际科研合作,提倡积极参与国际科技合作计划,扩大了跨学科合作发生的范围,激励更多科研人员加入跨学科合作的队伍。

环境型政策工具中使用频次最高的是鼓励号召(12.67%)。国家层面的相关政策明确表达了对跨学科合作的支持态度,鼓励研究人员或团队打破学科壁垒,积极开展跨学科合作。评价机制(7.24%)使用的频数低于鼓励号召。我国现行评价体制还没有完全适应跨学科合作研究评价,国家层面颁发政策

第 3 章 内部协同视域下促进高校科研生产力提升的政策

针对评价机制提出改进意见,有利于早日妥善解决跨学科研究评价障碍,建立起多样化的评价体系,合理分配利益,提高科研人员参与跨学科合作的积极性。

我国促进跨学科合作政策呈现供给型与环境型政策工具使用频率较高、需求型工具运用频率较少的局面,这一特点在不同时间阶段都存在(见图 3-5)。

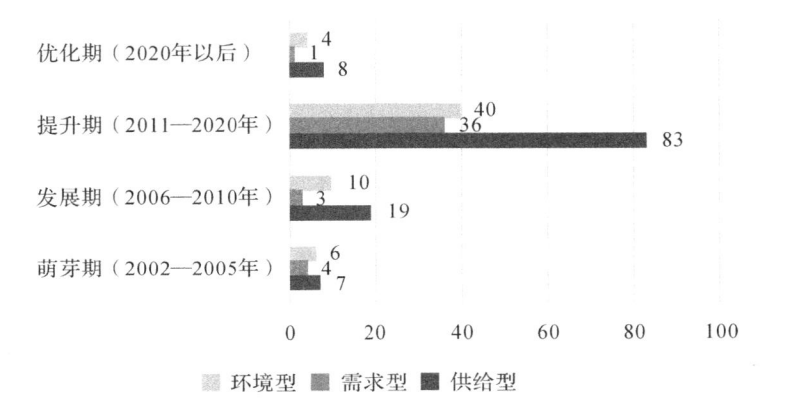

图 3-5 不同阶段政策工具二维分布

根据不同阶段政策工具二维分布状况表(见表 3-4),可以看出以下几个方面的问题。

表 3-4 不同阶段政策工具二维分布频数统计

政策工具		萌芽期	发展期	提升期	优化期
供给型	基础设施建设	4	10	27	3
	人才引育与支持	1	6	44	3
	资金保障	2	2	2	1
	公共服务	0	1	10	1
需求型	重点领域引导	4	2	17	0
	国际合作	0	1	19	0
环境型	鼓励号召	5	6	15	2
	目标规划	0	2	2	0
	评价机制	0	1	14	1
	学科体系调整	1	1	9	1

第一，在供给型政策工具中，基础设施建设一开始就受到政府重视。2002年颁布的《关于印发〈关于进一步增强原始性创新能力的意见〉的通知》中就提到一些国家重点科研基地存在学科单一、研究方向狭窄、缺少优秀人才、运行机制不健全等问题，限制了创新思想的产生，指出应该加强国家重点科研基地建设(科技部、教育部、中国科学院等，2002)。目前，我国已经打造出一批支撑高水平创新的基础设施和平台，整合各方学术资源、信息资源、人才资源、技术资源，有力推进了跨学科协同创新。

人才是顺利开展跨学科研究的基石。虽然人才引育与支持这一政策工具在萌芽期还没有得到充分关注，但是进入政策演变提升期后其使用频次的增长速度明显加快，而且政策内容反映出国家越来越注重培养跨学科复合型人才。例如，2018年教育部《关于印发〈前沿科学中心建设方案(试行)〉的通知》强调要培养"具有学科交叉背景、国际视野和家国情怀"的创新人才(教育部，2018)。

资金保障和公共服务的使用频率虽然相对略显稀疏，但是不断上升，说明国家不断加大投入跨学科研究经费，优化跨学科合作管理和服务体系。

第二，在政策演变的萌芽期，科学研究中的跨学科特性还没有特别明显，需求型政策工具几乎没有得到使用。随着科研环境日趋开放，科研合作创新已经从自发演化到自觉，从或然发展成必然(杨善林、吕鹏辉、李晶晶，2016)，国家对促进跨学科合作给予大力支持，需求型政策工具的使用次数逐渐增加，以充分调动科研人员参与跨学科合作的积极性，同时满足社会发展需求。在提升期(2011—2020年)，国际合作政策工具使用频率突然大幅上升，许多政策文件都提到要主动参与国际大科学计划和大科学工程，一方面是因为现代社会越来越多的复杂科学技术问题是全球共同面临的挑战，需要多个国家联合才能解决；另一方面，党的十八大以来，我国开放创新取得显著进展，国家重视扩大科技创新开放合作，积极加入国际跨学科合作利于增强科技创新能力，提升国际话语权，扩大国际影响力。

第三，在环境型政策工具中，鼓励号召的使用频次在每个阶段都排在第一位，其他三样工具使用略显不足。较少有政策对跨学科合作作出规划安排，反映出我国促进跨学科合作政策应加强统筹设计。

3. 促进跨学科合作政策的演进特征

首先，政策的发展演变与国家重大需求相契合。与萌芽期和发展期相比，进入政策演变提升期后，我国对加快科技创新的需求越来越高，环境型和供给型政策工具使用频数占比略微降低，同时需求型政策工具所占比重逐渐增加，说明国家政策跟随发展需求不断调整和优化。

其次,我国促进跨学科合作政策长期保持供给型政策工具偏好。政府在促进跨学科合作政策上以供给型占主导,侧重政策环境的营造。随着政策的不断发展,需求型政策工具到提升期才引起足够重视。

最后,政策覆盖面扩大,内容不断丰富。例如,随着互联网技术的进步,一些政策强调要建设数字化基础设施,形成先进信息网络支撑体系,为跨学科合作提供协同信息及沟通渠道。

3.3 促进跨学科合作政策的演进逻辑

3.3.1 促进跨学科合作政策的演进模式

历史制度主义把制度变迁过程分为制度存续的"正常时期"和制度断裂的"关键节点时期"(方超,2016)。"关键节点"可能是在某个时间节点颁发的重要政策文件,也可能是实践中对制度走向影响较大的具体事件。路径依赖理论可以用来解释在正常时期政策为何能够保持相对稳定,制度变迁理论则可以阐释政策变迁何以发生,又以何种形式发生。

1. 路径依赖

制度设计者对旧制度的成本投资,会产生学习效应、协同效应和适应预期,进而形成回报递增机制,退出旧制度环境寻找新路径的成本倍增,因此一般难以实现(郭忠华,2003)。我国在促进跨学科合作政策的演变过程中存在路径依赖现象。

(1)学习效应:政策经验积累

学习效应是指在某项政策发布并实行后,其经验会导致该政策得到持续性的学习强化,即后续政策会在前期政策的基础上不断学习、累积经验,在政策演变过程中,政策行动者也在不断的学习中总结经验,提升政策有效性。

促进跨学科合作政策的演变具备延续性特征。从政策内容来看,在每个阶段都会围绕人才、经费、设施等角度提出要求或策略,后一阶段的政策都是在坚持前一阶段政策基础上继续深化。

同时,政府在实践中不断调整着自己的政策主题和着力点,形成了"学习—制定—执行—反馈—修改"的过程。例如,过去我国国家重点实验室建设过快,导致管理不善、体系杂乱等问题浮现,2018年财政部和科技部预测在2020年国家重点实验室总量将达到700个左右,这一预估结果给政府和学术界发出了警示信号,随后"十四五"规划纲要就提出要重组国家重点实验室,根据指示,相关部门对新建国家重点实验室的批复明显放缓;2022年全国科技工作会议上再次强调要推动国家实验室体系"有效运行"。

(2)协调效应:多方主体配合

协调效应是满足促进跨学科合作政策的综合性和多样性的基础,集中体现在政策决策和执行主体的多元化。我国促进跨学科合作相关政策的颁发主体主要有国务院、教育部、科技部、财政部、国家发展和改革委员会、工信部等部门,不同部门协同推进跨学科合作。

(3)适应性预期:政策自身惯性

适应性预期是指在某一政策逐渐趋于完善的过程中,政策对象对于该政策的适应性期待会提高,而这种适应性期待又会进一步强化政策对象围绕政策要求进行行为强化,进而促进政策的延续。一方面在各个阶段所提出的促进跨学科合作政策在后续阶段也得到了延续,证明其本身就是长期适应性的,政策本身具有惯性。另一方面,政策发展历程中,政府部门、高校等政策对象在执行相关政策的过程中获得了较好的成效,而这又会进一步激励政策对象继续执行相关政策。

2. 渐进转型

制度变迁可以分为断裂性制度变迁和渐进性制度变迁两类,前者是与原有制度的彻底割裂,后者则是在原有制度框架内进行局部的、小范围的微调。政策在稳定的社会环境中一般不会出现激进式的断裂性变化。纵观我国促进跨学科合作政策的演变历程,主要是渐进性制度变迁,呈现出连续性和稳定性的特征。每一阶段促进跨学科合作政策内容的变化都比较细微。不过不能因此否定政策的有效性和进步性,因为虽然大部分内容相近,但是有不同的创新手段以及更高要求的政策目标,比如政策越来越关注信息化技术的应用、国际合作项目的参与、新兴领域跨学科人才培养等,这也是一种推动进步的方式。

3.3.2 促进跨学科合作政策演进的结构性分析

"背景—制度""制度—变量""制度—行为"三种结构构成了历史制度主义的结构范式。"背景—制度"结构从政治、经济、社会、文化观念等角度入手探究影响制度变迁的动力机制,强调国家宏观制度情境对具体制度及政策安排的制约作用,"制度—变量"结构关注政治产生影响的各种变量与制度的关系(赵晖、祝灵君,2003)。"制度—行为"结构关注政治行动者的微观行为如何影响政策变迁。

1. 背景—制度:宏观制度环境

(1)国家创新战略需求

当前世界各国之间的竞争愈发激烈,科技创新已经成为各国提升自身创新潜能的立足点,不同国家都在致力于国家科技创新系统建设。根据2021年《国家创新指数报告》的评价结果(见图3-6),中国排名世界第13位,虽然已经超过处于同一经济水平的其他国家,但是距离美、日、韩等国家还有一段差距,还需要进一步激发自身创新潜能,释放创新活力。跨学科合作能够集合不同学科的优势资源共同致力于重大问题的解决与科学技术的创新(毕颖、杨小渝,2017),是完成重大科技突破、实现高水平科技自立自强的重要方式,因此越来越受政府重视,政策内容不断完善。出于扩大全球创新话语权的目的,近年来我国在政策中积极倡导参与国际合作项目,2015年党的十八届五中全会首次提出要"积极提出并牵头组织国际大科学计划和大科学工程",大科学研究的价值在国家层面得到了充分肯定。目前,我国已与美、德、法、俄及欧盟等国家和地区以及国际组织在诸多领域组织了数十个国际大科学计划和大科学工程(国家发展和改革委员会,2021)。

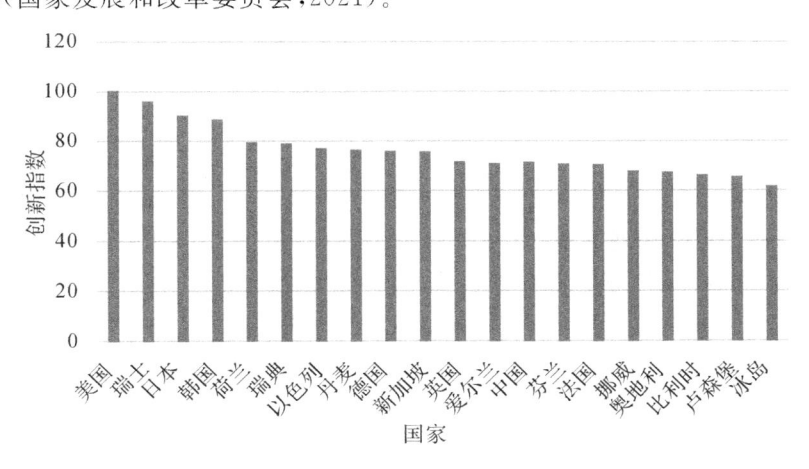

图3-6 2021年20个国家创新指数综合排名

数据来源:中国科学技术发展战略研究院

(2) 信息化发展战略推进

随着大数据的不断发展，信息化技术在能源、环境、医疗、教育、农业等领域不断渗透，已经成为新时期实现国家科技创新和推动社会经济发展的重要引擎。通过数据共享平台、大数据分析技术、区块链等服务平台的搭建，进行跨学科数据及知识的获取、共享和利用，变得更加必要。在数字化科研环境下，人工智能、云计算、区块链、5G网络等新一代信息技术，不仅可以提供大规模及时的信息，而且能够搭建协同交流的平台，为跨学科合作提供便捷渠道（姚晓杰，2022）。政府部门在运用基础设施政策工具时与时俱进，也充分体现出信息化时代的特征，例如《关于印发"十二五"国家自主创新能力建设规划的通知》（国发〔2013〕4号）指出要通过实施科研信息化应用推进工程来强化国家重要科研信息化基础设施的综合应用和服务能力"建设"（国务院，2013）。

(3) 社会问题日趋复杂

自20世纪以来，科学技术发展突飞猛进，并且趋于综合方向发展，科学研究范式由单一学科封闭式研究向多学科交叉的大范围、复杂化、社会化方向发展。比如面对全球变暖问题，就需要涉及化学、物理学、气象学、经济学、社会学等多个学科领域的知识。政府通过政策支持引导跨学科合作，是解决社会发展问题的必然要求。

2. 制度—变量：中观环境变量

(1) 外部示范效应压力

20世纪80年代，跨学科研究步入蓬勃发展的新时代，各国政府为了加快取得更多跨学科领域的突破性成果，纷纷制定相应政策措施（叶桂芹、李红宇、张良平，2006）。1980年，跨学科科学研究国际联盟成立。2004年美国拟定《促进跨学科研究报告》，作为美国"国家学院凯克未来计划"的一部分，为跨学科研究提供总体行动指南（曾粤亮、司莉，2021）。2005年，德国实施"卓越计划"，专门设立了"卓越集群"这一资助路线用来支持跨学科研究的发展。有数据显示，"卓越计划"每年能够从德国联邦政府和各州那里得到约5.33亿欧元的资金支持，其中约3.85亿欧元被分拨给卓越集群，占比达到72%左右（包艳华、唐倩、Kehm，2022），资助力度之大可见一斑。2016年，英国发布《跨学科研究全景回顾》和《高等教育机构跨学科研究案例研究述评》，系统总结了阻碍英国跨学科研究发展的因素，并就激励措施给出提议。在这样的国际背景下，我国政府越来越意识到跨学科研究合作的重要性，在国家、教育发展规划中强调大学、科研院所等应共享资源，培育一批跨学科教育与研究相结合的团队,提升国家科研实力。

(2)跨学科合作的内在制度困境

①组织结构的院系隔离和跨学科学位欠缺

"校—院—系"三级构造方式是我国高校普遍采用的组织模式,纵向结构刻板僵化导致横向学术组织生存和发展的空间受限,院系之间隔阂深重(陈何芳,2011)。而在以学科为基础的资源分配体制下,大量的经费和资源被学院、学系等组织所控制,跨学科合作意味着人才、资金、设施、课题的重新配置,容易产生利益摩擦。

除此之外,之前我国交叉学科地位尴尬,是因为学科专业目录中既没有设置专门的交叉学科门类,也没有在目录代码和名称中为新兴学科和交叉学科预留发展空间,这也导致在学科交叉领域培养的学生应授予何种学位这一问题成为困惑。反观国外大学的跨学科研究受专业或学位限制较少,麻省理工学院和斯坦福大学都设有交叉学科学位,并专门制定了交叉学科培养计划,这些跨学科学位的设置使培养出来的新一代学者具备发现和解决相关综合性问题的能力(谢沛铭,2003)。

我国促进跨学科合作政策为应对院系隔离和跨学科学位欠缺产生的问题不断作出调整,鼓励高校打破学科壁垒,推进学科交融,培育学科增长点,加大跨学科人才培养力度。2020年11月,国家自然科学基金委成立交叉科学部。2021年,国务院学位委员会设置了"交叉学科门类",并在交叉学科设置条件、设置程序、学位授权与授予、质量保证等方面做了具体规定,这是一场科研和教学发展范式的深层变革,打破了原先不同学科割据的传统,形成了新兴交叉学科群体(刘仲林,2022)。

②跨学科评价障碍

因为跨学科项目风险性更大、费用成本更高,所以评议专家与资助机构在面对跨学科研究申请时往往趋于保守。另外,与单学科研究不同,跨学科合作研究成果的学科边界模糊,无法使用定性的同行评议和定量的文献计量法来评判其价值作用,缺少一套完善的评价指标体系。面对上述问题,许多研究人员长期得不到资助和认可,对跨学科研究的热情不断消减。顺应跨学科研究发展趋势,设计与之相配套的科学公正的学术评价制度,是继在学科体系中设置独立交叉学科门类之后,推进交叉学科研究体制化建设的重要环节(魏红心,2015)。因此环境型政策工具中评价机制这一工具出现得越来越频繁,政府部门积极推进评价机制改革,希望结合跨学科研究成果的现状与特点,聚焦跨学科科研合作的现实问题,构建体现跨学科研究成果本质的评价模式。

3. 制度—行为:政策相关者微观行为

(1)政府:政策变迁的主导力量

在促进跨学科合作政策的演变过程中,政府扮演着"总导演"的角色,是政策变迁的塑形者,中央高层权威在其中发挥了重要作用(蔡倩,2020)。促进跨学科合作举措的顺利实施离不开中央高层领导人的倡导和政府部门的积极推进。2023年,习近平总书记在中共中央政治局第三次集体学习时强调要优化基础学科建设布局,推动学科交叉融合和跨学科研究。中央高层的全力支持、政府部门的积极作为扩大了跨学科合作的社会认知度,同时相关政策也得以与时俱进,不断完善和丰富。在每轮中央政策出台后,地方政府、高校、科研院所等都会积极响应,在国家总体部署的指导下作出相应规划与改革。例如在国家的允许和鼓励下,截至2021年,全国各高校自主设置、按照二级学科管理的交叉学科数量已达到616个(谢梦,2022),不仅加快了跨学科复合型人才的培养,而且利于科学研究实现创造性的重大突破。

(2)高等院校:政策变迁的需求者

作为跨学科研究的主力军,高校会积极寻求国家和政府的支持,抓住契机向政府表达自己对促进跨学科合作的意见和看法,让政府了解其诉求,并作出相应的政策变革。我国每年都会召开全国高校科技工作会议,科技部、教育部、财政部、工信部等相关司局负责人以及全国各大高校代表一起研究高校科技工作面临的新形势,系统部署科技工作。2018年,在全国高校科技工作会议上,清华大学、四川大学、中山大学等高校代表表达了对跨学科研究的看法,强调了其重要性,并分享了学校在平台搭建、评价机制设计、管理体系安排等方面的做法、经验(科技部,2018),为政府部门制定政策或为高校跨学科合作给予支持和引导时提供思路。2020年,教育部牵头召开的新文科建设工作会议上,国内有130多所高校的负责人到场交流对话,会议制定并发布了《新文科建设宣言》,号召高校开设新兴交叉课程,积极推动文科专业与理工科专业交叉融合。

(3)专家学者:政策变迁的建言者

一些专家学者常年活跃在科教一线,对跨学科合作具有更透彻的理解,在新政策或改革方案的论证、制定、落实过程中能及时提出建议,发挥智囊的作用。1926年,"跨学科"这一术语由心理学家伍德沃斯首次提出。1985年,我国著名科学家钱三强在首届交叉科学学术研讨会上预言21世纪将是一个交叉科学时代。可见专家学者比政府更早意识到跨学科研究是科学进步的必然趋势。许多专家学者既清楚开展跨学科合作的条件，也清楚一项政策的出台过程，他们的积极参与，使得政策诉求和路径更加明晰。

3.4 研究结论与启示

3.4.1 研究结论

人类社会经历了从农业时代到工业时代、电气化时代再到信息化时代的辗转，所面临的科学挑战越来越艰深，单一学科视角愈发暴露出天然的局限性。当前，全球各国都在抢先布局新兴前沿领域，跨学科合作研究已经成为重要的研究范式。为了提升中国科技创新能力，在新一轮科技革命中赢得先机，国家政府层面相继出台了一系列促进跨学科合作的政策文件，所以有必要对促进跨学科合作政策的发展历程进行梳理，探析其演变规律和发展方向，以更好地促进跨学科合作研究。

本书的研究以政策工具理论和历史制度主义理论为基础，以文本量化为政策梳理手段，借助 Nvivo12 plus 质性分析软件，通过分析框架构建、政策文本编码、政策工具使用频次统计等步骤，对 2002—2022 年共 41 份政策文本进行量化分析。研究发现，首先，根据政策样本的数量分布特征、政策内容以及社会背景，可以将促进跨学科合作政策的演变历程分为萌芽期、发展期、提升期和优化期。其次，在历史性分析范式中，促进跨学科合作政策发展演变与国家重大需求相契合，且长期保持供给型政策工具偏好。促进跨学科合作政策的演变历程显示出其通过积极的自我强化，不断重复和加强既定内容，按照路径依赖和渐进转型模式演变，以此来维持政策的长效稳定。最后，在结构性分析范式中，国家宏观制度环境、外部中观环境变量、政策相关者微观行为三个维度构建了我国促进跨学科合作政策演变动力机制分析框架，是导致促进跨学科合作政策演变的重要影响因素。

3.4.2 研究启示

1. 加强顶层设计，形成系统的战略思考

基于政府是大学制定跨学科研究战略的主要外力与重要推手，许多国家纷纷在顶层设计上推动大学跨学科研究(陈艾华、陈婵,2016)。我国虽然很多政策都提到了推进跨学科合作的举措,但是内容分散,缺乏全局规划。为更好地促进跨学科合作,需要明确跨学科研究战略,加强政策的针对性,给出更为具体的指导意见,如出台跨学科科研合作专项科研资助政策、成立跨学科人才培养专项科研基金、完善跨学科科研合作各项激励政策、设置跨学科科研管理专门机构、搭建跨学科合作平台、优化跨学科科研项目基金评审制度等,打造具备中国特色的跨学科科研合作生态运行系统。

2. 优化政策工具组合,加强需求型政策工具使用

丰富多样的政策工具是促进跨学科合作开展的保障。根据前述统计情况,我国促进跨学科合作政策呈现出供给型政策工具偏多、需求型政策工具偏少的结构不均衡情况,而需求型政策工具的缺乏容易导致科研人员进行跨学科合作的内在动力不足,因此要提升政策工具的协调性,同时增强政策工具的统筹性,进一步加强需求型政策工具的使用,充分发挥政策组合的协同效力。

3. 关注微观行动者利益诉求,激发跨学科合作内生动力

在我国促进跨学科合作政策的演变过程中,政府处于主导地位,进行"自上而下"的统筹,政策改革决策的民主参与机制比较缺乏。跨学科学术组织的活动也受到政治逻辑的影响。当前,大学跨学科学术组织形式是一种平行于传统系科组织的"矩阵结构",在创建与运行过程中呈现出强烈的"国家导向"组织特征,跨学科组织运作的核心资源被中央政府和各级地方政府所掌握,有时地方高校不得不迎合研究领域的国家导向来获取支撑自己持续发展的"优胜资源"——跨学科研究平台和研究项目(张洋磊,2016)。为了激发跨学科合作内生动力,将来促进跨学科政策的制定应综合考量微观行动者的利益诉求,尽量减少一些自上而下式的直接上级影响,在改革过程中尽可能地赋予行动者表达诉求的权利、畅通诉求渠道,进一步增强科研人员的话语权,让其为政府政策出谋献策,使得决策层能够及时获取到科研一线的真实信息,包括哪些人员之间更容易形成合作,哪类环境更能产出创造性成果,政府决策根据科研一线人员反馈的信息,及时对政策做出优化调整,提升服务质效(黄淑芳,2016),从而激发高校内部的创新活力,促进高校科研生产力的提升。

第 3 章　内部协同视域下促进高校科研生产力提升的政策

3.5　本章小结

本章通过梳理我国促进跨学科合作政策的演变历程和政策工具使用情况,发现我国促进跨学科合作政策的演变存在路径依赖现象,是一种渐进性制度变迁,政策的发展演变与国家重大需求相契合,而且长期保持供给型政策工具偏好。对政策进行优化一是要加强顶层设计,形成系统的战略思考;二是要优化政策工具组合,加强需求型政策工具使用;三是要关注微观行动者利益诉求,激发跨学科合作内生动力,从而从内部协同视域提升高校科研生产力。

第4章　外部协同视域下促进高校科研生产力提升的政策

科技的飞速发展推动了经济全球化,然而国家之间综合实力的竞争早已不仅仅停留在军事、经济等方面,而是更加注重国家的自主创新能力。显然,现阶段产学研协同创新已成为企业、高校、科研机构相结合的一种趋势,同时也是我国提升高校科研生产力、建设创新型国家不可或缺的一部分。

美国作为产学研协同创新的发源地,其联邦政府资助产学研协同创新的动力机制受到了广泛的关注(Etzkowitz & Leydesdorff,2000;Goldfarb & Henrekson,2003;Wonglimpiyarat,2006)。美国联邦政府从《莫里尔法案》的实施开始有限地介入产学研合作,第二次世界大战是美国产学研合作的一个重要转折点,"曼哈顿工程"和"雷达研制"等研发工程使美国联邦政府开始大规模资助产学研合作。第二次世界大战后,《科学——无止境的疆界》《国家科学基金会法案》《拜杜法案》《国家合作研究与生产法》《美国复苏与再投资法案》等的出台和颁布,为产学研协同创新提供了良好的政策安排,有力地促进了美国高校科研生产力的发展。

本章以美国政府资助产学研协同创新为例,系统而完整地剖析了外部协同视域下促进高校科研生产力提升的政策。在揭示美国政府资助产学研协同创新提升高校科研生产力的动力机制、组织模式以及政策机制的基础上,得出了相应的政策启示。

4.1 美国政府资助产学研协同创新提升高校科研生产力的动力机制

产学研协同创新中,政府应当作为规则的制定者和研发创新活动的促进者,这种促进者角色不仅依赖于研发预算的规模,而且依赖于分配的模式、直接或间接措施及其功效(Inzelt,2004)。Lane(2008)认为处于创新与竞争中的政府应对大学的基础研究资助负责,通过法律与规制为企业营造一个公平的环境,对竞争中的产业提供各种保护及激励计划。政府资助产学研协同创新可以引导产学研合作成果更好地运用于经济发展,并通过制定具有回应性的新政策进一步提升已有的成就。

关于政府资助产学研协同创新的动力,学者们多从经济视角和社会视角进行解释。就经济视角而言,大学与产业合作中存在机会主义行为,而政府通过制度机制和各种行政管理措施来克服合作网络中的机会主义行为(蓝晓霞、刘宝存,2013),以降低交易成本(Tripsas,Schrader & Sobrero,1995)和研究成本(Shapira,2001)。就社会视角而言,应用背景下的知识创造要求异质组织之间建立合作网络,形成有效创新系统(Shapira,2001),而政府作为创新系统中的重要变量之一(李小妹,2013),同样影响着创新绩效。

4.1.1 美国产学研协同创新的变迁特征

1. 美国产学研协同创新的变迁过程是政府驱动型的变迁

美国联邦政府的支持和引导在美国产学研协同创新的变迁过程中具有举足轻重的地位。毋庸置疑,正是由于政府参与了产学研的合作,美国的产学研合作才得以萌芽,并且随着政府参与度的提高与政府出台的相关政策的推动,促进了产学研协同创新的进一步发展,从而提升了高校科研生产力。在经济学中有观点认为,市场是一只看不见的手,在资源配置中起着决定性的作用,市场能够自发地优化资源配置以满足当前市场的需要,因此政府无须直接干预经济活动。然而,企业与高校的合作中存在着机会主义行为,即在信息没有完全对称的情况下人们较难可以真实、全面地揭露所有信息,甚至可能会进行一些损人行为以达到利己的目的。因此,在产学研协同创新的变迁过程中,为了保障产学研合作的顺利进行,促进高校科研生产力的发展,政府逐渐从起初的不干预到后来的适度干预，同时政府有必要通过建立健全各项制度机制并且采取各种切实有效的行政管理措施来克服产学研合作过程中存在的机会主义行为以降低交易成本和研究成本。由于产学研协同创新是一项风险系数较高的商业活动，参与者必然要求获得与高风险相等价的报酬，而企业和大学都希望尽可能降低风险，同时用较低的成本来获得高额的回报，因而由政府制定和颁布的各种优惠政策、保障政策是促进产学研协同创新的必要条件（蓝晓霞，2014）。因此，美国联邦政府参与产学研协同创新的变迁过程并驱动产学研协同创新的发展从而提升高校科研生产力是必然选择。

2. 社会发展环境的变化是美国产学研协同创新变迁的主要推动力

随着社会的发展和科技的进步，产学研合作模式逐渐演变，产学研协同创新的变迁也成为时代发展的必然要求。早期，为了促进美国农业技术教育、农业科学技术研究和实用农业技术的推广而颁布的《莫里尔法案》以及其他相关法律法规，使得校企合作在小范围内开始进行，产学研由此开始萌芽（叶向东，2007）。"合作教育计划"的提出使各大高校开始深入探索各种与企业合作并高效联合培养人才的模式，促使产学研合作的进一步发展。之后，为了保证高校科研的主要研究课题与国家发展目标相符，高校开始在学校内建立工业园区使得产学研合作愈发繁荣。显然，在产学研协同创新的变迁过程中，每一次变迁都与当时的社会环境变化息息相关。

当然，社会环境的变化对产学研协同创新的促进作用在战争年代更显突出。第二次世界大战期间，由于战争的频繁和较大的规模，迫使美国联邦政府必须加大对高校和企业合作进行科研项目的支持力度，并促使美国联邦政府构建能够适应当时需要的组织结构，以便在战争期间统一调度全国各方面的科研力量，使产学研的合作更加及时、高效，以作为当时战争的有力后盾（柴晶、郑桂荣，2013）。如第二次世界大战时期，由于战争的需要，政府急需大量专业人才研发、制造原子弹、雷达、军舰等战争必需物资，美国政府和高校开始了大规模的合作，开展了"曼哈顿工程""雷达研制"等研发工程，大学中的许多专家和学者参与其中。因此，在不同的发展时期，美国联邦政府及其地方政府必须适时出台合适的法律法规、科技政策等措施，有效支持、引导及整合产学研合作各方面的要素，以有力地促进产学研协同创新和高校科研生产力的发展以及国家创新能力的逐步提高（李朝阳，2009）。

3. 产学研合作的覆盖范围逐渐扩大，内容逐渐充实

从范围来看，最初的产学研合作出现在农业、矿业等小范围的领域，且合

作强度较小,之后逐渐扩展到工业、军事等领域,范围逐渐扩大,强度逐渐加大,到目前为止已基本涵盖了所有学科领域且产学研合作十分紧密。随着产学研合作的覆盖范围逐渐扩大,各种产学研合作的模式也应运而生,产学研合作的内容也愈发多样化、丰富化。20世纪50年代以来,随着时代的进步和高新技术的迅猛发展,专家们逐渐探索出了多种各具特点的产学研合作模式。根据组建方式的不同,大致可以划分为大学科技园模式(research park)、企业孵化器模式(business incubation)、合作研究中心模式(cooperative research center)、契约合作研究模式(contract research)、咨询协议模式(consulting arrangements)、技术入股合作模式(technology contributed as equity investment)等6种;根据科研成果转化方式的不同,则可以划分为技术许可模式(technology licensing)和大学衍生企业模式(spin-offs)两种(蓝晓霞,2014)。适用于各类不同条件的产学研合作模式不断出现,获得推广,而为了保障各种产学研合作模式的顺利进行,政府在经济方面通过一定手段予以支持、出台相应的法律法规进行制度保障、加强科技政策的引导等措施也显得尤为重要。

4.1.2 美国产学研协同创新的变迁制度

林毅夫曾依据制度变迁理论,将制度变迁分为诱致性制度变迁和强制性制度变迁两个基本类型。林毅夫(1994)认为,"诱致性制度变迁"是指由于制度不均衡所引起的行为差异导致了个体或群体获利不均衡,人们为了追逐利益而自发地对现有制度进行变更或替换并创造出新的制度,是一种自发性制度变迁;而"强制性制度变迁"通常是指由政府出台的法律、政策而引起的变迁。其中,诱致性制度变迁通常也被称为需求主导型制度变迁,是一种自下而上的制度变迁过程;而强制性制度变迁通常也被称为供给主导型制度变迁,是一种自上而下的制度变迁过程。那么,产学研协同创新的变迁过程究竟是强制性制度变迁,还是诱致性制度变迁,或者是强制性制度变迁和诱致性制度变迁并行的变迁过程?

首先,不妨假设美国产学研协同创新的变迁过程仅是一种诱致性制度变迁。如果假设成立,那么美国产学研协同创新的变迁过程是自下而上的,纯粹是因为企业、高校由于社会环境的变化而产生合作的需求,进而产生产学研合作。这种假设在一定程度上符合产学研合作的要求,但是完全摒弃了政府在产学研协同创新变迁过程中所发挥的作用。而之前在分析变迁过程的特征中可以得出结论,美国产学研协同创新的变迁过程是政府驱动型的变迁,该结论与所作出的假设相悖,这显然是不合理的。

其次,假设美国产学研协同创新的变迁过程仅是一种强制性制度变迁。虽然这种假设弥补了第一种假设中忽略政府在产学研协同创新变迁过程中的作用,并肯定了政府在产学研协同创新变迁过程中发挥的积极作用,认为正是由于美国联邦政府介入产学研协同创新以及各地政府根据不同情况进行适当调整从而保障了产学研协同创新的发展,但是,这种自上而下的供给主导型制度变迁,不足以保证产学研协同创新的变迁过程必然与社会环境的发展相吻合。

最后,我们可以得出如下结论:美国产学研协同创新的过程是强制性制度变迁和诱致性制度变迁并行的变迁过程。社会环境的变化诱发了高校、企业进行产学研协同创新的需求,同时,美国联邦政府介入并干预产学研协同创新的过程,通过强制性制度变迁来弥补纯粹由诱致性制度变迁所带来的制度供给上的不足,从而保障产学研协同创新变迁过程的顺利进行。《拜杜法案》《斯蒂文斯—韦德勒技术创新法案》《经济复苏法》《小企业技术创新进步法》等政策的相继颁布和实施,保障并促进了美国产学研协同创新的发展,为美国产学研协同创新实施提供了良好的政策支持,同时也有力地促进了高校科研生产力的发展。

4.1.3 美国联邦政府介入产学研协同创新提升高校科研生产力的动力分析

为了保障产学研协同创新高效、有序地运行,政府必须为该过程提供有效的制度保障,以降低产学研合作的交易成本和研究成本(祖廷勋、张云虎、陈天仁等,2006)。在市场环境瞬息万变的情况下,由于信息内容不完善、传递不够及时、资金有限、机制不健全等原因,造成了高校和科研机构的很多科技成果不能及时找到合适的需求者而无法实现有效的转化,而企业所需的开发、改进产品的新技术却因为找不到合适的供给者而不能及时生产出能满足市场当前需求的产品。

通过之前的假设论证可以得知,产学研协同创新的过程是强制性制度变迁和诱致性制度变迁并行的变迁过程,因此,政府的引导和政策支持以及市场中供给和需求的变化是美国联邦政府对产学研协同创新介入的动力所在,而产学研协同创新的参与者对科技成果潜在价值的追求更是美国联邦政府介入产学研协同创新的重要推动力量。因此,美国联邦政府介入产学研协同创新是一种必然结果。政府介入并全力支持产学研协同创新,通过行政、立法等措施推动进行保障,如营造适合产学研协同创新的良好的政策环境、完善产学研协同创新的监督保障机制、建立促进产学研协同创新的专项科技计划等使得高校与企业直接进行产学研合作,从而保证产学研协同创新顺利发展和高校科研生产力快速提升。

美国联邦政府介入产学研协同创新并对其大力倡导和推进,使得企业和高校更加重视科技成果的有效应用与转化。其中,政府对于产学研协同创新的促进作用主要体现在:直接或间接引导企业和高校加大在科技创新方面的投入、出台相应的法律法规为企业和高校提供税收优惠政策和财政补贴政策、引导并协调企业和高校之间搭建技术创新平台促成高校和企业的高效合作、建立并完善知识产权保护制度和成果转化制度等。美国联邦政府的这一系列措施无疑为美国的产学研协同创新营造了一个有利的政策环境以及完善健全的保障机制,确保了美国产学研协同创新的蓬勃发展,也有力地提升了美国高校的科研生产力。

4.2 美国政府资助产学研协同创新提升高校科研生产力的组织模式

4.2.1 美国产学研协同创新提升高校科研生产力的模式

美国国会于1862年颁布了著名的《莫里尔法案》,标志着美国产学研合作正式拉开了帷幕。作为实行产学研合作最早的国家之一,美国出台了一系列法案与计划,以保障与促进产学研合作的顺利开展,在不断的实践探索中形成了产学研合作教育、产学研合作研发及产学研合作产业化三大典型模式。其中,作为产学研合作的出发点与归宿,美国产学研合作产业化模式引人注目。

1. 产学研合作教育

美国最早采用的产学研合作模式为产学研合作教育,如政府为支持大学发展向大学赠地、建立主要功能为职业教育的社区学院、创办企业大学、开展校企合作等。美国产学研合作教育为美国产业竞争力的提升和发展奠定了坚实根基(赵京波、张屹山,2011)。

2. 产学研合作研发

为了克服研发中的资金和技术不足,缩短产品研发周期,美国政府为产学研合作主体提供资助计划和政策支持。美国政府制定了多个产学研合作科技计划,支持企业与高等院校和科研机构搭建合作平台,这些科技计划促使企业向大学或科研机构委托项目,或促使企业与大学或科研机构联合组建研究中心。合作研发有效地满足了企业对科研成果转化的需求,使科学研究成果得到产业化推广,促进企业技术创新和变革,推动新兴科技的应用和商业化。通过建立产学研合作资金平台,产学研合作项目吸引了社会资金加入政府资助计划,使企业得到了社会资金的支持。美国政府的产学研合作科技计划在促进产学研合作研发的同时,吸引大量企业尤其是高科技创新领域中小企业的广泛参与,使得高新技术快速扩散,促进了整个产业界的技术革新和发展。

3. 产学研合作产业化

科技园区模式的建立使科技转化走向规模化,其中最为典型的则是1951年依托斯坦福大学建立的"斯坦福研究园"(刘力,2006)。科技园区模式的兴起一方面促使大学为企业提供土地和科研力量的支持,另一方面,企业所提供的资金帮助能进一步提升大学的科研力量,双方通过发挥各自的优势实现共赢,促使科研成果产业化。美国如今著名的高新科技中心"硅谷"正是在"斯坦福研究园"的逐渐发展中建立起来的。该模式逐渐发展成为整个美国乃至全世界科学技术工业改革创新的典范。

如果说科技园区模式面向的是资金雄厚的大型企业,那么企业孵化器则更好地为中小型企业带来了产学研合作契机。企业孵化器模式是指一种为中小型企业的建立与发展提供帮助的产学研合作的组织模式,这种模式取得的成果十分显著,一大批中小型企业凭借准确的市场走向和新产品取得了成功。在这一模式中,政府为推动传统产业转型以及经济发展多样化发挥着至关重要的作用。

4.2.2 美国产学研协同创新变迁历程中的政府政策

1. 1862年《莫里尔法案》颁布——美国产学研合作萌芽

美国是产学研协同创新的发源地。美国联邦政府从1862年颁布《莫里尔法案》开始有限地介入产学研合作,美国产学研合作由此开始萌芽。该法案旨在促进美国农业技术与教育的发展,使该时期的教育能够适应当时的农业经济发展的需要。该法案规定,美国联邦政府应当以当时美国各州参加国会的议员人数作为划分土地数量的依据,拨给每人三万英亩的土地,并将赠送土地所得的收益全部用于各州,使其在当地至少创办一所"农工学院",也称"赠地学院"。同时,该法案也允许大学将这些土地进行变卖,将卖地所得的全部收入作为学校办学的经费,维持学校办学的日常开支。资助开办的"农工学院"主要教授关于农业和机械技艺等在生产实践中具有实用性的知识,培养工农业发展所需的专门人才,为以后的工作奠定基础,减少培训成本,提高生产效率。然而,在该阶段,高校、政府和企业之间的直接联系较少。

2. 1906年辛辛那提合作教育模式提出——美国产学研合作兴起

美国辛辛那提大学赫曼·施纳德教授在1906年初次提出了一项全新的教育计划,即"合作教育模式"。在该模式中,大学里的一部分专业或者参与一些教育项目的学生,一年中至少要有四分之一的时间到与自己专业对应或者与所参加的教育项目内容有关的企业或工厂的相关工作岗位实习,以期在生产实践中获得必要的知识,从而有效结合课堂的教学内容与现实的生产实践。这种合作教育模式很快便在辛辛那提大学进行了应用并且获得了很好的反响。这是美国历史上第一次较为明确、系统地提出产学研合作的教育模式,这种教育模式也受到了美国政府的鼓励和大力支持。美国政府对于这种全新的教学模式进行了及时的总结和推广,使其迅速在美国各大高校中得以应用。另外,美国联邦政府还制定和颁布了一系列相关政策来保证该教育模式的有效执行。同时,美国各大高校也纷纷主动效仿并且采用该种教育模式,结合本校的实际情况和当地政府的相关政策制定了适合本校的"合作教育计划",进一步促进了产学研合作。因此,后来学者们便将"合作教育模式"的提出作为美国产学研合作兴起的标志。

3. 1951年斯坦福大学工业园创建——美国产学研合作繁荣

第二次世界大战期间,美国大学也已经开始参与政府引导的技术创新活动,开展了一系列政府与高校相互合作、共同研发的工程,如"曼哈顿工程""雷达研制"、第一台计算机的研制等研发工程。由此,美国联邦政府开始大规模资助产学研合作。第二次世界大战以后,美国联邦政府以及许多高校、企业更加注重科技研发成果向现实生产力的转化。如美国国会曾于1950年成功通过了相关法案,成立了"美国国家科学基金会",并相应设立了"国家科学基金"。毫无疑问,这一举措在某种程度上极大地推动了美国政府与大学之间的科技合作，促进了科技成果的有效转化（胡昌送、李明惠、卢晓春，2006）。20世纪50年代在美国产学研合作的发展历史上是极为关键的一个历史时期。1951年，美国加利福尼亚州斯坦福大学工程学院院长弗雷德里克·特曼决定在斯坦福大学的校园中创办工业园区，将校园的土地外租给当时一些有需要的高科技公司使用，从而使学校和公司达到双赢。斯坦福大学创建的工业园是第一个以高校为核心创建的高新技术园区，以此为标志，美国产学研合作开始进入了一个相对成熟和稳定的时期并愈发繁荣。与此同时，美国政府在产学研协同创新不断演变历程中的引导、协调、整合作用也更加凸显出来。

4.3 美国政府资助产学研协同创新提升高校科研生产力的政策机制

4.3.1 美国政府资助产学研协同创新提升高校科研生产力的政策概述

1862年，美国为了使当时的教育能够适应农业经济发展的需要而颁布了《莫里尔法案》，该法案也是美国联邦政府在资助产学研协同创新方面所采取的第一项举措，美国产学研合作由此开始萌芽并逐渐发展起来。美国政府在资助产学研协同创新方面所采取的政策中，最值得一提的，是在2008年金融危机过后，面对美国经济萧条的现状，美国联邦政府颁布了《美国经济复苏与再投资法案》，旨在通过联邦政府加大对教育的投资，拉动在教育方面的消费，以此来应对经济危机过后经济不景气的困境，并通过此举培养当前社会短缺的高层次人才，以期在未来能够创造并增加大量就业机会，以促进教育、经济等的长远发展。虽然该法案所规定的投资期限较短，但是从长期来看，可以使美国联邦政府对教育的投资产生最大限度的效应，使该投资符合美国教育发展的整体连贯战略，符合教育改革的核心目标以及社会发展的长远目标，并且可使教育在国家发展过程中的基础性作用得到充分发挥，以此来刺激当时低迷的经济环境，促进经济复苏（傅林，2010）。毫无疑问，该法案是美国面对经济危机时为了促进产学研协同创新发展采取的一项有力举措。

美国政府为促进产学研协同创新而颁布的政策、法案俯拾即是，这些政策根据具体内容可以分类概括为：(1)激励产学研合作创新的财政税收政策[《经

第 4 章 外部协同视域下促进高校科研生产力提升的政策

济复苏法》(1981年)、《国内税收法》(1988年)];(2)发展技术园区与中介机构的政策[《技术创新法》(1980年)、《国家合作研究法》(1984)、《联邦技术转移法》(1986年)];(3)重视基础研究的教育政策[《为有意义地促进一流的技术、教育与科学创造机会法》(2007年)];(4)中小企业政策[《小企业技术创新进步法》(1982年)、《小企业技术转移法》(1992年)];(5)完整的技术转让法制体系[《联邦技术转移法案》(1986年)、《国家竞争力技术转移法》(1989年)]等(李朝阳,2009)。由此,我们不难发现,美国联邦政府一贯注重其在产学研协同创新过程中所发挥的不可替代的作用,并以当前国情与总体战略目标为产学研协同创新的发展目标,通过颁布相关政策法规积极引导、协调和整合各种资源环境,促进产学研协同创新在社会发展的不同阶段都能够有较好的发展,从而在社会发展的不同阶段都能促进高校科研生产力的提升。

4.3.2 美国政府资助产学研协同创新提升高校科研生产力的政策分析

1. 配套政策支持

由于之前专利许可和技术转让相关法律和政策并不健全,科技园区模式、企业孵化器模式及政府资助产学研合作项目中所暴露出的专利与技术所有权问题严重影响了产学研各创新主体的深入合作。因此,美国政府不断修订和完善原有《专利法》,健全了专利许可和技术转让制度,使原本抽象、无法量化的知识及创新科技能像商品一样在市场中自由流通,实现了知识产权的"商业化"。此外,政府颁布的相关公共政策加强了对知识产权的保护,使专利发明者和专利购买者共同受益,这也使得一大批发明创造者迅速致富。通过立法,专利许可和技术转让政策使原本"一对一"的单向产学研协同创新输出变为"一对多"的多向输出,政府规定了产学研合作各主体之间的权利和义务,明确了参与产学研合作和计划项目的各主体间的利益分配,保护了创新主体的合法权益,确立了知识产权所有人的知识成果合法使用权,使知识成果的流通得到了有效的法律保障,进一步密切了产学研协同创新主体之间的合作,推动了国家经济的高速增长。

在税收方面,美国通过多次立法,制定了对高新科技企业的优惠性税收政策,并允许其科研经费抵冲部分税收,刺激企业经营者加大企业开发研究经费的投入。此外,由于研发资金不具有累积资本的特质,若企业与大学进行产学合作，将资金投入大学或科研机构，政府可以向企业提供特殊的减税政策，使企业通过产学研合作获得特殊的利润回报（蓝晓霞、刘宝存，2013），调动了企业参与产学研合作的积极性，极大地推动了产学研协同创新的顺利开展，也在很大程度上提升了高校科研生产力。

2. 专项资金支持

在美国资助产学研合作配套政策的引领下，美国政府为产学研协同创新提供了大量研究经费。这些经费一方面用于产学研合作领域的项目研究，使得产学研协同创新得到经费支持，另一方面，对高等院校的人才培育提供支持，为产学研协同创新提供人才与智力支撑，推动了产学研合作的进一步深入。与此同时，美国政府设立了中小企业管理局（SBA），为产学研合作项目中的中小企业直接提供贷款，或为其银行贷款提供担保（赵京波、张屹山，2011），为中小企业参加产学研合作协同创新提供依靠和帮助，保障了产学研协同创新的顺利进行。此外，美国政府建立专项基金重点支持高尖端科技领域的产学研协同创新研究，促进了诸如国家安全、纳米技术、信息科技、生物基因、清洁能源等领域的可持续发展。

3. 中介服务支持

为了适应科技成果产业化和商业化的需求，美国创建了为企业提供一站式服务的中介服务机构。通过建立法律事务服务机构，为企业提供法律咨询服务；建设专利许可和技术转让服务机构，使企业能更便捷地获得想要的技术和专利许可，同时推广应用政府资助的技术；建立教育培训网络，开展免费的网上教育和培训。这些中介服务机构与科研工作者及企业进行广泛互动，并为他们提供便利的服务。从中介机构政策的媒介职能来看，一方面，中介机构汇集了大量有关科学技术创新成果的资源和信息，并通过网络、媒体等渠道为企业的技术改革提供有效的支持；另一方面，这些中介机构接受政府的委托，对相关的科学技术创新项目进行管理监督，对产学研协同创新重点项目进行维护，并提供人力资源帮助，从而有效推动产学研的合作和技术的创新（李朝阳，2009）。中介机构的服务支持使美国产学研合作和技术创新得到质的飞越，从最开始的专项领域资助合作，再到政府性的产学研协同创新中介制度，美国政府在产学研协同创新的体系不断完善和发展过程中的引导力在逐渐加强，指导及服务职能得到了充分的体现。

4.4 美国政府资助产学研协同创新提升高校科研生产力的政策启示

4.4.1 我国政府资助产学研协同创新提升高校科研生产力的现状

习近平总书记在《习近平关于科技创新论述摘编》一书中明确提出,我国现阶段科技创新的主要问题是创新能力不强,因此我国科技发展总体水平也不高,从而导致了科技对经济社会发展的支撑能力明显不足,科技对我国经济增长的贡献率也远远低于发达国家。同时他还强调,如果科技创新能力不能提高,发展动力不足,我们在全球经济竞争中就会处于下风。全面提高我国的自主创新能力,以增强我国在世界范围内的竞争力,刻不容缓,而这也就必然要求我国尽可能地提升产学研协同创新能力,从而提升高校科研生产力。

我国政府在资助产学研协同创新方面所采取的政策根据时间分为四个阶段:(1)1978年改革开放后到1985年,促进学术界和产业界进行尝试合作,如《关于我国科学技术发展方针的汇报提纲》(1982年)、《关于经济体制改革的决定》(1985年)等;(2)1985年至1998年,促进学术界的科研成果向产业界转移,如《关于科学技术体制改革的决定》(1985年)、《关于进一步推进科技体制改革的若干规定》(1986年)等;(3)1999年至2005年,建立以企业为主体的科技创新体系,如《关于加强技术创新、发展高科技、实现产业化的决定》(1999年)、《关于国有企业改革和发展若干重大问题的决定》(1999年)等;(4)2006年至今,加强自主创新能力并建立多样化产学研合作机制,如《关于实施科技规划纲要增强自主创新能力的决定》(2006年)、《国家中长期科学和技术发展规划纲要(2006—2020年)》(2006年)等。

在我国,政府自21世纪以来不断加速推动产学研协同创新,不仅在政策支持、资金投入等方面加大了保障力度,而且一系列具有较高层次的产学研合作模式也随着我国经济社会的不断发展而大量涌现,如"联合技术攻关""共建工程中心"等,其中"产学研战略联盟"的形成更是标志着我国产学研协同创新开始逐渐向市场化、长期化、一体化的方向发展(李玉清,2012)。总体来说,我国产学研协同创新在政府有关部门的积极引导下,经历了由小到大、由表及里、由浅入深、由点到面、由低到高的发展时期,而该时期的发展趋势则可以概括为"八化",即综合化、国际化、可持续化、一体化、规范化、市场化、规模化和现代化(张俊、李忠云,2006)。

4.4.2 美国政府资助产学研协同创新提升高校科研生产力的政策启示

从美国资助产学研协同创新政策中可以看出,政府提出了具有针对性的产学研协同创新政策,使得产学研协同创新水平不断提升。由此可见,政府在产学研协同创新中扮演着相当重要的角色。美国资助产学研协同创新政策提升高校科研生产力对我国政府有着重要的启示作用。

1. 发挥政府的引领作用

目前,我国很多企业与高等院校、科研院所都有联系,开展产学研协同创新,对促进科技成果转化发挥了极大作用。但由于地域分散、缺乏沟通,没有从整体上把控高校、科研院所的科技资源。我国政府应当扮演好引导者的角色,建立完善的产学研协同创新合作机制,以政府资助产学研协同创新计划引导产学研协同创新主体,为其牵线搭桥,指导产学研协同创新的发展方向。在提供人才支撑方面,我国政府应当在坚定"科教兴国"战略的指导下,着手制定完善的专项人才培育制度,推动校园实践基地的建设,培养当代人科学研究的热情和兴趣,落实"科教兴国"战略。在财政政策方面,我国政府可以通过设立专项基金制度,奖励获得重大科技突破的研发企业或个人,借鉴发达国家的优惠税收制度,对高科技领域的产学研协同创新给予全面的支持,减少中小型创新型企业创新主体的税收压力。然而,产学研协同创新单靠政府资助也是远远不够的,政府应当引导民间资本从生产领域流向技术研发领域,全面支持产学研协同创新的发展。与此同时,政府应通过对相关法律法规的完善,实施各种针对性的产学研协同创新计划项目,从而推动产学研协同创新,激发产学研协同创新各主体的积极性,鼓励科技成果的转化。

2. 建立协同创新服务体系

我国政府应当搭建完善的产学研协同创新服务体系,为产学研协同创新保驾护航。为减少企业在产学研协同创新中项目计划审核困难的问题,政府应当着力为企业搭建一站式的全面服务,缩短项目计划申请周期,去除申请过程中冗杂琐碎的审核环节,为企业提供便捷的服务。同时,建立专业的中介服务体系,有效运用网络技术,搭建网络合作平台,使科技研究成果供需渠道通畅化、公平公开化,减少可能产生的交易障碍。此外,政府应当着手加强产权技术贸易体系建设,完善知识产权和技术转移制度,保障科学技术创新主体的合法权益,促进科学技术的商业化。另外,协同创新服务体系还应为高校、科研院所和企业提供双向技术信息交流与沟通平台,促进产学研协同创新的有效开展。

3. 加强对重点领域的资助管理

即使在经济环境不景气的情况下,美国政府依旧对高尖端科技领域提供较大的资金支持。为实现创新的可持续发展,保持我国的科技创新优势,我国政府在推行产学研协同创新计划项目的同时,应当坚持有所为、有所不为,对重点的产业或者创新领域提供资助,加强监督和管理。由于企业是创新的主体,而企业在创新和技术变革中面临着各种各样的风险,一些企业在推进产学研协同创新过程中缺乏对项目计划的风险评估,导致合作无法达到预期效果甚至失败,阻碍了产学研协同创新知识成果的转移。政府应对企业创新主体在参与重点领域的产学研协同创新过程中所面临的风险提供评估和政策保障。在为产学研协同创新提供政策支持和服务的同时,政府应建立相关的法律法规,为我国产学研协同创新提供有力的法律保障,在法律上加强对产学研协同创新的管理,以促进我国产学研协同创新的可持续发展。

4.5 本章小结

产学研协同创新已然成为企业、高校、科研机构相结合的一种趋势,同时也是我国提升高校科研生产力、建设创新型国家不可或缺的一部分。围绕政府资助产学研协同创新提升高校科研生产力这一核心议题,鉴于美国政府在资助产学研协同创新提升高校科研生产力方面积累了丰富的成功经验,本章以美国政府作为研究对象,通过对美国政府资助产学研协同创新提升高校科研生产力的系统研究,揭示美国政府资助产学研协同创新提升高校科研生产力的动力机制,探究美国政府资助产学研协同创新提升高校科研生产力的组织模式,分析确保组织模式有效运行的政策机制。在借鉴美国政府资助产学研协同创新提升高校科研生产力经验的基础上,深入理解我国产学研协同创新提升高校科研生产力面临的普遍性矛盾与对策措施,结合我国国情及政府资助产学研协同创新提升高校科研生产力现状,为我国政府资助产学研协同创新提升高校科研生产力提供有益的启示,即发挥政府的引领作用、建立协同创新服务体系、加强对重点领域的资助管理。

第 5 章　内部协同视域下高校科研生产力提升的作用机理

高校跨学科组织是高校科研生产力提升的关键载体，因此，本章以高校跨学科组织为例，从高校跨学科组织的两个子维度即跨学科组织合理性及其与产业界的联系入手，将跨学科组织融入跨学科研究绩效提升机理的分析框架，力图从内部协同视角探究跨学科研究协同创新提升高校科研生产力的路径与规律。基于国内外现有文献，本章剖析了跨学科研究与高校跨学科组织科研生产力演化的关系，从内部协同视域基于跨学科研究，探析了高校跨学科组织科研生产力演化轨迹、影响机制，构建了跨学科组织、跨学科研究管理体制、运行机制及评价机制与跨学科研究绩效即科研生产力之间关系的概念模型，并结合中国高校跨学科组织的调查样本，实证检验了跨学科组织对跨学科研究管理体制和运行机制及评价机制、科研生产力的影响，以及跨学科研究管理体制和运行机制及评价机制在跨学科组织与科研生产力间关系中的中介作用。本章从一个新的视角解析高校跨学科组织开展跨学科研究的规律，基于跨学科研究管理体制、运行机制和评价机制三个中介变量，确证了跨学科组织的两个子维度即跨学科组织的合理性及其与产业界的联系促进跨学科研究绩效的作用机理及其实现途径，拓展了跨学科研究和科研生产力理论的研究。研究结论不仅拓宽了跨学科研究的组织边界和管理体制机制的研究视域，而且在激发高校跨学科组织开展跨学科研究，为科学发展的原始创新提供动力的同时，也为完善国家创新体系提供了新参鉴。

5.1 问题提出

随着知识生产模式2时代的到来,跨学科创新范式逐渐成为科技创新的重要趋势,也已成为高校竞相追逐的科研增长点。通过高校内部的跨学科研究,高校跨学科组织可以整合全球的创新资源,有效提升科研生产力,更好地应对愈益复杂化的科研创新环境(陈艾华、吴伟,2024)。因此,从内部协同视域深入剖析高校跨学科组织跨学科研究的协同创新机理,对于进一步激发跨学科组织研究潜能和提升高校科技创新能力具有重要意义。学者们对跨学科研究进行了较为广泛的探讨,主要聚焦于意涵旨趣(Aboelela,Larson,Bakken et al.,2007;刘仲林,2003;宣勇,2009)、组织模式(Vest,2005)、合作瓶颈(张炜、邹晓东、陈劲,2002;Klein,1990)及破解路径(Sá,2008)等。已有研究对高校跨学科组织协同创新的关注点主要在于跨学科组织外部,即高校跨学科组织与企业、科研院所等其他主体的知识生产合作或知识转移转化(毕颖、杨连生,2014)。但从总体上看,从内部协同视域针对高校跨学科组织开展跨学科研究与其科研生产力演化的关系缺乏实证分析,而且鲜有研究对跨学科研究环境下高校跨学科组织科研生产力演化轨迹进行剖析。此外,跨学科研究环境下高校跨学科组织科研生产力影响机制的实证分析亦比较少见,从而导致对促进跨学科研究和提升科研生产力的实践指导价值相对不高。为弥补现有研究的不足,有必要采用实证方法,着眼于整体和系统角度从内部协同视域来探求高校跨学科组织微观运行与其科研生产力提升之间的内在规律。

5.2 高校跨学科组织的跨学科研究

5.2.1 跨学科研究的要素识别

就内在层面而言,跨学科组织作为开展跨学科研究的载体,其合理性理应成为开展跨学科研究时的关注点。促进管理体制的改革与完善是顺利开展高校跨学科研究的重要举措。在构建高效的跨学科研究管理体制的同时,跨学科研究运行机制的创建也是不可或缺的。由于受单一学科评价机制的影响,跨学科领域的研究成果在评价中难以有优势(University Leadership Council,2009),使得科研人员在从事跨学科研究时有后顾之忧,严重阻碍了跨学科研究的发展。就外在层面而言,进行跨学科研究既需要从产业界学习诸多有关跨学科研究的策略(Committee on Facilitating Interdisciplinary Research,2004),又需要将跨学科研究成果向产业界进行转化。学者们基于理论视角从内外在两个层面零零星星地阐述了跨学科研究所囊括的要素。更进一步地,有学者从实证视角验证了以往学者们基于轶事性分析所获得的理论观点,即跨学科研究主要蕴含跨学科组织及其与产业界的联系、跨学科研究管理体制、运行机制、评价机制等要素(陈艾华、吴伟,2015)。

5.2.2　衡量研究绩效的科研生产力

作为衡量高校跨学科组织开展跨学科研究活动的产出能力,科研生产力可以划分为两个维度:知识生产能力与知识应用能力。因为科研生产力即知识生产与应用能力的直接成果(知识增殖)存在无形性与非物质性,使得直接对科研生产力进行评价极其不易。因此,间接衡量高校跨学科组织的科研生产力,成为评价其开展跨学科研究活动绩效的一种折中做法。除论文(Liu,2008)、专利(Lanjouw & Schankerman,2004)、专著(Yu,2008)、奖励及荣誉(Creamer,1999)等在衡量科研生产力时具有很重要的参考价值外,科研报告、技术方案、产品样品、软件程序及材料设备等也可以在某种程度上反映科研生产力的水平,只是用统一的规格与标准对后者进行描述统计较为困难(陈艾华,2011;Chen & Wang,2021)。

5.3　跨学科研究与高校跨学科组织科研生产力演化的关系分析

5.3.1　样本和数据收集

以高校跨学科组织为研究对象,本书的样本选择主要针对高校跨学科组织中的关键信息者,即在高校跨学科组织中真正承担科研工作的研究人员。通过多种途径如邮件、委托他人、利用参加会议或访谈的机会,先后向北京大学、清华大学、浙江大学、西安交通大学、上海交通大学、哈尔滨工业大学、中南大学、四川大学、华中科技大学、东北大学、湖南大学、武汉理工大学、江苏科技大学、中国计量大学、浙江理工大学等高校跨学科组织发放调查问卷。在问卷调查的过程中，允许来自同一跨学科组织中的若干人填写问卷。共发放问卷450份，回收402份，其中有效问卷为336份，有效回收率为74.67%。

调查问卷由两部分组成：第一部分是被调查的高校跨学科组织的基本信息，第二部分是高校跨学科组织开展跨学科研究的现状，包括科研生产力、跨学科组织合理性及其与产业界的联系、跨学科研究管理体制、运行机制、评价机制等六个7级Likert量表（见附录Ⅰ）。

5.3.2 指标构建

1. 因变量：科研生产力（RP）

借鉴Liu（2008）、Lanjouw和Schankerman（2004）、Rice和Sorcinelli（2002）、Yu（2008）等学者的观点，结合深度访谈中的专家意见设计了量表，从论文、专著、专利、奖项等方面测量。

2. 自变量：跨学科组织合理性（TI）及其与产业界的联系（II）

跨学科组织合理性量表主要参考了Orchard等（2005），黄超、杨英杰（2017）等学者的观点，并结合实地调研和深度访谈进行了设计，从职称、学历、学科和年龄结构等方面测量；跨学科组织和产业界的联系量表主要参考了Kwon等（2015），邹晓东、王凯（2016）等学者的观点，并结合实地调研和深度访谈进行了设计，从吸引产业界加入、与其合作研究和接受其的研究建议等方面测量。

3. 中介变量：跨学科研究管理体制（MI）、运行机制（OI）、评价机制（EI）

跨学科研究管理体制量表主要参考了Bordage（2000）等学者的观点，并着重参考了美国促进跨学科研究委员会（Committee on Facilitating Interdisciplinary Research，简称CFIR）关于跨学科研究管理体制的相关论述，结合实地调研和深度访谈，从跨学科学术委员会、主任负责制、专项基金等方面测量；跨学科研究运行机制量表主要参考了Aboelela等（2007），焦磊、谢安邦、赵军（2017）等学者的观点，结合实地调研和深度访谈，从研究主题、围绕现实问题开展研究、有效沟通、培养跨学科人才、研究经费等方面测量；跨学科研究评价机制量表主要参考了潘向东等（2010）学者的观点和美国大学领导力委员会（University Leadership Council，2009）关于跨学科研究评价机制的相

第 5 章 内部协同视域下高校科研生产力提升的作用机理

关论述,结合实地调研和深度访谈,从学术评价制度、评价时鼓励团队协作、承认其他学科出版物上发表的跨学科研究成果等方面测量。

5.3.3 描述性统计分析

在回收的调查问卷中,性别分布情况如下:男性为 270 人,占比 80.4%,女性为 66 人,占比 19.6%(见图 5-1)。

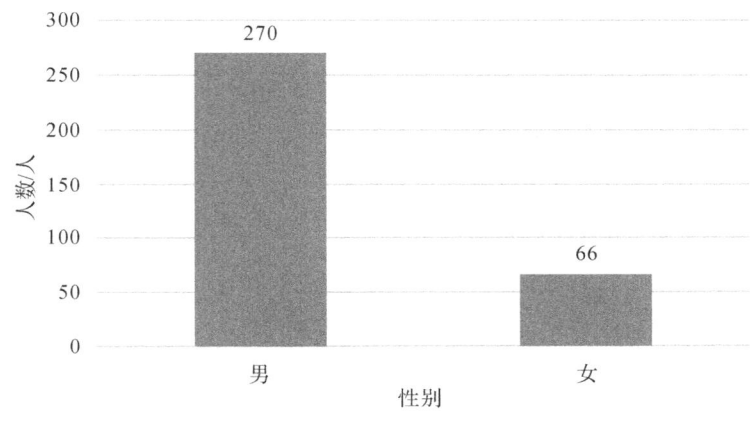

图 5-1 性别分布

学科分布情况如下:哲学为 10 人,占比 3.0%;经济学为 15 人,占比 4.5%;法学为 10 人,占比 3.0%;教育学为 56 人,占比 16.7%;文学为 14 人,占比 4.2%;历史学为 6 人,占比 1.8%;理学为 27 人,占比 8.0%;工学为 119 人,占比 35.4%;农学为 9 人,占比 2.7%;医学为 30 人,占比 8.9%;管理学为 38 人,占比 11.3%;军事学为 2 人,占比 0.6%(见图 5-2)。

职称分布情况如下:正高级 174 人,占比 51.8%;副高级为 68 人,占比 20.2%;中级 62 人,占比 18.5%;初级及以下 32 人,占比 9.5%(见图 5-3)。

表 5-1 和表 5-2 分别给出了高校跨学科组织科研生产力测量指标的均值、标准差、最小值、最大值、众数和频次分布。

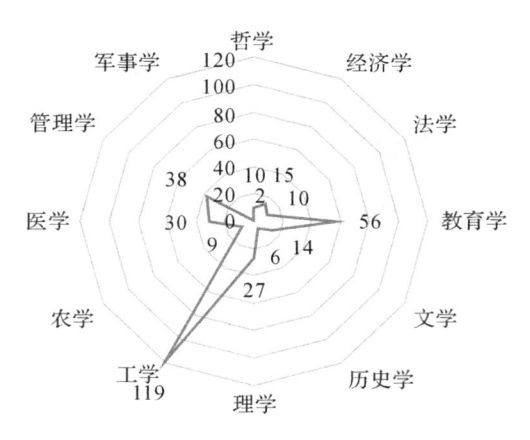

图 5-2 学科分布

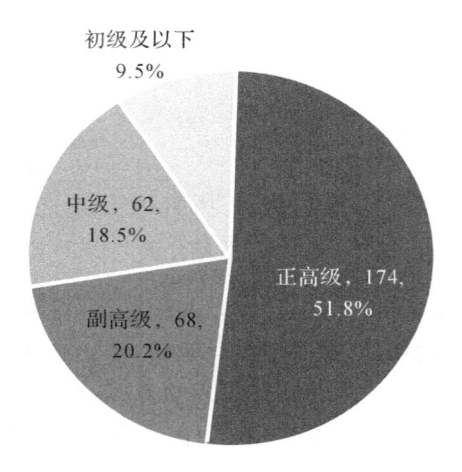

图 5-3 职称分布

表 5-1 高校跨学科组织科研生产力初步描述性统计

变量	N	众数	最小值	最大值	均值	标准差
RP1:跨学科组织发表了较多高水平论文	336	6	3	7	5.55	0.862
RP2:跨学科组织出版了较多具有影响力的专著	336	6	2	7	5.24	0.896

续表

变量	N	众数	最小值	最大值	均值	标准差
RP3:跨学科组织申请了很多新的专利	336	6	2	7	5.40	0.903
RP4:跨学科组织获得了较多的省部级及以上奖项	336	5	2	7	5.08	0.969

表 5-2 高校跨学科组织科研生产力测量指标的频次分布

变量	统计类别	1	2	3	4	5	6	7
RP1:跨学科组织发表了较多高水平论文	频次	0	0	2	36	114	143	41
	占比/%	0.0	0.0	0.6	10.7	33.9	42.6	12.2
RP2:跨学科组织出版了较多具有影响力的专著	频次	0	1	5	66	122	125	17
	占比/%	0.0	0.3	1.5	19.6	36.3	37.2	5.1
RP3:跨学科组织申请了很多新的专利	频次	0	2	5	39	129	131	30
	占比/%	0.0	0.6	1.5	11.6	38.4	39.0	8.9
RP4:跨学科组织获得了较多的省部级及以上奖项	频次	0	2	12	75	137	88	22
	占比/%	0.0	0.6	3.6	22.3	40.8	26.2	6.5

从表 5-1 的初步描述性统计中可以看出，各测量指标的均值都超过了 5，最高甚至达到 5.55，初步表明样本组织整体上的科研生产力是较高的。

从表 5-1 和表 5-2 的频次分布中可以看出，发表高水平的论文、出版有影响力的专著和申请新的专利这三项指标的评价值的众数都为 6(样本数占总样本数百分比分别为 42.6%、37.2% 和 39.0%);获得奖项这个指标的众数为 5(样本数占总样本数百分比为 40.8%)。大部分样本的四个指标的评价值都集中在 6 和 5(样本数占总样本数百分比分别为 76.5%、73.5%、77.4%、67.0%)，并且这四项测度指标的标准差均较小(均在 1 左右)，说明样本组织差异较小,评价结果的一致性较好。

5.3.4 信度效度检验

1. 变量的信度检验

从表 5-3 中可见,跨学科组织合理性测量题项的一致性系数 Cronbach's α 值为 0.851,大于 0.7;CITC 最小值为 0.659,大于 0.35 的最低标准;且表中删除各观测变量后的 α 值(0.824,0.813,0.793,0.812)都比原量表的 α 值小,说明跨学科组织合理性的量表具有较高的信度。

表 5-3 跨学科组织合理性的信度分析结果

题项标签	CITC 系数	删除该题项后的 α 值	Cronbach's α 值
职称结构合理性	0.659	0.824	0.851
学历层次结构合理性	0.690	0.813	
学科结构合理性	0.732	0.793	
年龄结构合理性	0.690	0.812	

从表 5-4 中可见,跨学科组织和产业界联系测量题项的一致性系数 Cronbach's α 值为 0.786,大于 0.7;CITC 最小值为 0.510,大于 0.35 的最低标准;且表中删除各观测变量后的 α 值(0.734,0.718,0.775,0.704)都比原量表的 α 值小,说明跨学科组织与产业界联系的量表具有较高的信度。

表 5-4 跨学科组织与产业界联系的信度分析结果

题项标签	CITC 系数	删除该题项后的 α 值	Cronbach's α 值
满足产业界的需求	0.593	0.734	0.786
吸引产业界加入	0.624	0.718	
与产业界合作研究	0.510	0.775	
接受产业界的研究建议	0.650	0.704	

从表 5-5 中可见,管理体制测量题项的一致性系数 Cronbach's α 值为 0.742,大于 0.7;CITC 最小值为 0.516,大于 0.35 的最低标准;且表中删除各观测变量后的 α 值(0.611,0.638,0.716)都比原量表的 α 值小,说明管理体制的量表具有较高的信度。

表 5-5　管理体制信度的分析结果

题项标签	CITC 系数	删除该题项后的 α 值	Cronbach's α 值
建立跨学科学术委员会	0.606	0.611	0.742
委员会领导下的主任负责制	0.584	0.638	
在学校层面设立跨学科研究专项基金	0.516	0.716	

从表 5-6 中可见,运行机制测量题项的一致性系数 Cronbach's α 值为 0.837,大于 0.7;CITC 最小值为 0.585,大于 0.35 的最低标准;且表中删除各观测变量后的 α 值(0.813,0.795,0.779,0.814,0.820)都比原量表的 α 值小,说明运行机制的量表具有较高的信度。

表 5-6　运行机制的信度分析结果

题项标签	CITC 系数	删除该题项后的 α 值	Cronbach's α 值
明确的跨学科研究主题	0.609	0.813	0.837
围绕现实问题开展跨学科研究	0.673	0.795	
跨学科研究成员之间进行有效沟通	0.735	0.779	
大力培养跨学科人才	0.603	0.814	
合理分配跨学科研究经费	0.585	0.820	

从表 5-7 中可见,评价机制测量题项的一致性系数 Cronbach's α 值为 0.806,大于 0.7;CITC 最小值为 0.630,大于 0.35 的最低标准;且表中删除各观测变量后的 α 值(0.751,0.691,0.757)都比原量表的 α 值小,说明评价机制的量表具有较高的信度。

从表 5-8 中可见,科研生产力测量题项的一致性系数 Cronbach's α 值为 0.763,大于 0.7;CITC 最小值为 0.457,大于 0.35 的最低标准;且表中删除各观测变量后的 α 值(0.759,0.672,0.711,0.676)都比原量表的 α 值小,说明科研生产力的量表具有较高的信度。

表 5-7 评价机制信度的分析结果

题项标签	CITC 系数	删除该题项后的 α 值	Cronbach's α 值
建立健全的跨学科学术评价制度	0.636	0.751	0.806
评价时鼓励团队协作	0.693	0.691	
承认在其他学科出版物上发表的成果	0.630	0.757	

表 5-8 科研生产力信度的分析结果

题项标签	CITC 系数	删除该题项后的 α 值	Cronbach's α 值
跨学科组织发表了较多高水平论文	0.457	0.759	0.763
跨学科组织出版了较多具有影响力的专著	0.627	0.672	
跨学科组织申请了很多新的专利	0.553	0.711	
跨学科组织获得了较多的省部级及以上奖项	0.616	0.676	

2. 变量的效度检验

采用因子分析(取特征根>1)对自变量跨学科组织所包含的 8 个题项进行分析。首先进行 KMO 和 Bartlett 球体检验,结果如表 5-9 所示,KMO 值为 0.784,表明很适合做因子分析;Bartlett 球体检验的显著性概率为 0.000,表明数据具有相关性,适宜做因子分析。因子分析结果如表 5-10 所示,有两个公共因子被识别出来,各题项均较好地负载到其预期测量的公共因子之上,与预想的情况完全一致,因此公共因子 1 被命名为跨学科组织合理性因子,公共因子 2 被命名为跨学科组织和产业界联系因子。同时,相应的因子负荷系数大于 0.5(最大值为 0.844,最小值为 0.699,因子的特征根累积解释了总体方差的 65.354%(见表 5-11),因子分析结果可以接受。

第5章 内部协同视域下高校科研生产力提升的作用机理

表 5-9 自变量的 KMO 和 Bartlett's 球体检验结果

KMO 值		0.784
Bartlett 球体检验	卡方值	1014.714
	自由度	28
	显著性概率	0.000

表 5-10 自变量指标体系因子分析结果

题项标签	因子负荷系数	
	1	2
职称结构合理性	0.796	0.145
学历层次结构合理性	0.828	0.072
学科结构合理性	0.844	0.154
年龄结构合理性	0.829	0.082
满足产业界的需求	0.157	0.766
吸引产业界加入	0.135	0.790
与产业界合作研究	0.118	0.699
接受产业界的研究建议	0.012	0.834

提取方法：主成分分析法
旋转法：具有 Kaiser 标准化的正交旋转法
a. 旋转在 3 次迭代后收敛

表 5-11 自变量因子分析方差解释

因子编号	原始特征根			旋转负载的平方和		
	值	所占方差的比例/%	所占方差的累积比例/%	值	所占方差的比例/%	所占方差的累积比例/%
1	3.324	41.551	41.551	2.775	34.689	34.689
2	1.904	23.804	65.354	2.453	30.665	65.354
3	0.718	8.975	74.329			
4	0.520	6.503	80.832			
5	0.492	6.155	86.987			

续表

因子编号	原始特征根 值	所占方差的比例/%	所占方差的累积比例/%	旋转负载的平方和 值	所占方差的比例/%	所占方差的累积比例/%
6	0.422	5.281	92.268			
7	0.330	4.122	96.390			
8	0.289	3.610	100.000			

采用因子分析(取特征根>1)对中介变量所包含的11个题项进行分析,首先进行 KMO 和 Bartlett 球体检验,结果如表 5-12 所示,KMO 值为 0.844,表明很适合做因子分析;Bartlett 球体检验的显著性概率为 0.000,表明数据具有相关性,适宜做因子分析。因子分析结果如表 5-13 所示,有三个公共因子被识别出来,各题项均较好地负载到其预期测量的公共因子之上,与预想的情况完全一致,因此公共因子 1 被命名为运行机制因子,公共因子 2 被命名为评价机制因子,公共因子 3 被命名为管理体制因子。同时,相应的因子负荷系数大于 0.5(最大值为 0.866,最小值为 0.658,因子的特征根累积解释了总体方差的 65.989%(见表 5-14),因子分析结果可以接受。

表 5-12 中介变量的 KMO 和 Bartlett's 球体检验结果

KMO 值		0.844
Bartlett 球体检验	卡方值	1423.939
	自由度	55
	显著性概率	0.000

表 5-13 中介变量指标体系因子分析结果

题项标签	因子负荷系数		
	1	2	3
建立跨学科学术委员会	0.138	0.184	0.824
委员会领导下的主任负责制	0.288	0.176	0.731
在学校层面设立跨学科研究专项基金	0.152	0.126	0.740
明确的跨学科研究主题	0.717	0.146	0.191

续表

题项标签	因子负荷系数		
	1	2	3
围绕现实问题开展跨学科研究	0.799	0.198	0.059
跨学科研究成员之间进行有效沟通	0.858	0.120	0.074
大力培养跨学科人才	0.687	0.128	0.247
合理分配跨学科研究经费	0.658	0.095	0.340
建立健全的跨学科学术评价制度	0.135	0.813	0.177
评价时鼓励团队协作	0.158	0.866	0.080
承认在其他学科出版物上发表的成果	0.196	0.766	0.244

提取方法:主成分分析法

表 5-14 中介变量因子分析方差解释

因子编号	原始特征根			旋转负载的平方和		
	值	所占方差的比例/%	所占方差的累积比例/%	值	所占方差的比例/%	所占方差的累积比例/%
1	4.542	41.292	41.292	3.000	27.274	27.274
2	1.520	13.815	55.108	2.178	19.797	47.071
3	1.197	10.881	65.989	2.081	18.918	65.989
4	0.651	5.922	71.911			
5	0.630	5.731	77.642			
6	0.594	5.398	83.039			
7	0.443	4.027	87.066			
8	0.425	3.865	90.932			
9	0.405	3.684	94.616			
10	0.310	2.817	97.433			
11	0.282	2.567	100.000			

采用因子分析(取特征根>1)对因变量科研生产力所包含的 4 个题项进行分析,首先进行 KMO 和 Bartlett 球体检验,结果如表 5-15 所示,KMO 值为 0.767,表明很适合做因子分析;Bartlett 球体检验的显著性概率为 0.000,表明数据具有相关性,适宜做因子分析。因子分析结果如表 5-16 所示,有一个公共因子被识别出来,各题项均较好地负载到其预期测量的公共因子之上,与预想的情况完全一致,因此公共因子被命名为科研生产力因子。同时,相应的因子负荷系数大于 0.5(最大值为 0.815,最小值为 0.668,因子的特征根累积解释了总体方差的 58.568%(见表 5-17),因子分析结果可以接受。

表 5-15 因变量的 KMO 和 Bartlett's 球体检验结果

KMO 值		0.767
Bartlett 球体检验	卡方值	327.276
	自由度	6
	显著性概率	0.000

表 5-16 因变量指标体系因子分析结果

题项标签	因子负荷系数
跨学科组织发表了较多高水平论文	0.668
跨学科组织出版了较多具有影响力的专著	0.815
跨学科组织申请了很多新的专利	0.759
跨学科组织获得了较多的省部级及以上奖项	0.810

提取方法:主成分分析法

表 5-17 因变量因子分析方差解释

因子编号	原始特征根			旋转负载的平方和		
	值	所占方差的比例/%	所占方差的累积比例/%	值	所占方差的比例/%	所占方差的累积比例/%
1	2.343	58.568	58.568	2.343	58.568	58.568
2	0.689	17.229	75.797			
3	0.535	13.380	89.177			
4	0.433	10.823	100.000			

提取方法:主成分分析法

3. 变量的信效度检验

综上所述，各变量 Cronbach's α 系数值（最大值为 0.851，最小值为 0.742）均大于 0.7，信度符合要求。经过 KMO 检验和 Bartlett 球体检验的样本数据的 KMO 值（0.784，0.844，0.767）均大于 0.7，各因子的题项负载系数（最大值为 0.858，最小值为 0.658（由于篇幅所限，题项负载系数值在此未一一列出）均大于 0.5，且累积解释率（65.354%，65.989%，58.568%）均大于 50%，各因子值的显著性水平均小于 0.001（见表 5-18），说明所选取的变量均符合效度要求。

表 5-18 量表的信效度分析

变量	Cronbach's α	KMO 值	显著性水平 Sig	所占方差的累积比例/%
跨学科组织合理性（TI）	0.851	0.784	0.000	65.354
跨学科组织和产业界联系（II）	0.786			
跨学科研究管理体制（MI）	0.742	0.844	0.000	65.989
跨学科研究运行机制（OI）	0.837			
跨学科研究评价机制（EI）	0.806			
科研生产力（RP）	0.763	0.767	0.000	58.568

5.3.5 跨学科研究与高校跨学科组织科研生产力演化的关系

在对变量进行多元回归分析之前，采用最大方差正交旋转的因子分析结果值对变量进行相关分析，Pearson 相关系数如表 5-19 所示。跨学科组织合理性及其和产业界的联系、跨学科研究管理体制、运行机制、评价机制与科研生产力均存在显著的正相关关系（$p<0.05$，$p<0.01$，$p<0.001$）。

表 5-19 主要变量相关系数

变量	TI	II	MI	OI	EI	RP
TI	1					
II	0.000	1				
MI	0.172**	0.298***	1			

续表

变量	TI	II	MI	OI	EI	RP
OI	0.128*	0.323***	0.000	1		
EI	0.141**	0.152**	0.000	0.000	1	
RP	0.160**	0.155**	0.177***	0.184***	0.386***	1

*，**，*** 分别表示在5%、1%和0.1%的水平上显著

研究显示，跨学科组织合理性公共因子主要与职称结构合理性、学历层次结构合理性、学科结构合理性、年龄结构合理性等因子相关；跨学科组织与产业界的联系公共因子与满足产业界的需求、吸引产业界加入、与产业界合作研究、接受产业界的研究建议等因子相关；跨学科研究运行机制公共因子主要与明确的跨学科研究主题、围绕现实问题开展跨学科研究、跨学科研究成员之间进行有效沟通、大力培养跨学科人才、合理分配跨学科研究经费等因子相关；跨学科研究管理体制公共因子主要与建立跨学科学术委员会、委员会领导下的主任负责制、在学校层面设立跨学科研究专项基金等因子相关；跨学科研究评价机制公共因子主要与建立健全的跨学科学术评价制度、评价时鼓励团队协作、承认在其他学科出版物上发表的成果等因子相关，它们皆对高校跨学科组织科研生产力演化有正向促进作用。

5.4 跨学科研究环境下高校跨学科组织科研生产力演化轨迹

跨学科研究环境下高校跨学科组织科研生产力演化经历了如下几个阶段。

1. 多学科(multi-disciplinary)下的科研生产力

不同学科的专家由于面对共同的难题而相聚在一起工作，工作结束后各自分离，这种情况下产生的科研生产力学科之间保持各自的独立性，往往没有明显的关联性，且之间的联系并非在有意识中产生。来自不同学科的专家与学者虽然在一起工作，但彼此之间没有明显的联系，仅仅是在一起从不同的角度，运用不同学科观点解决一个问题的不同方面，各个学科的理论观点与发现最终均没有被整合。因此，多学科下的科研生产力是低层次的。

2. 复杂学科(pluri-disciplinary)下的科研生产力

学科性质上比较接近的学科之间如数学与物理、拉丁语与希腊语等进行统合,各种学科虽然在同一级上工作,但是用一种分组方式以增强彼此的联系,目标单一,且通常来自一个学科的严格控制。与多学科下的科研生产力相比,复杂学科下的科研生产力具有较强的整合性,但是这种整合通常限定在比较接近的学科之间,还未实现真正意义上的学科整合。

3. 交叉学科(cross-disciplinary)下的科研生产力

为了解决某一具体的社会问题,学科性质上不一定接近的两种或两种以上单一学科整合在一起,科学主体凭借对象整合、概念移植、理论渗透和类比推理等方法,对对象世界及其变化进行探测、体认和再现后形成的超越单一学科性的独立的科学理论体系,即为交叉学科。交叉学科是跨界学科或边缘学科,这个学科有自己的疆域、语言和法规。交叉学科下的科研生产力呈现出独立学科的特征,这一独立学科是两种或两种以上单一学科整合后的结晶,因此交叉学科下的科研生产力具有学科整合性,其所显示出的力量具有强大的创新性。

4. 横断学科(trans-disciplinary)下的科研生产力

经合组织(OECD)将横断学科界定为对某一系列学科建立一个共同的公理体系的学科。横断学科是高层次的、不存在学科界限的统一研究,理解横断学科的一个关键是:在某种程度上是否表达了单一学科的知识综合一体化。横断学科是两门或两门以上学科结合成一门新学科的一种跨学科方式,是跨学科中合作程度最强烈的一种形式。横断学科是指基于一般普通的概念以及出现的认识论模式,所有涉及的学科之间的协作。横断学科具有变换的跨学科理论视角,是寻找事物(学科)本质或本源的研究,它可以使研究者超越原有学科的边界,在更深更广的层面认识事物,是推动原始创新的重要思想源泉。与其他几种科研生产力相比,横断学科下的科研生产力是整合性最广的一种科研生产力,这种科研生产力有着最为强大的创新能力。

5.5 跨学科研究环境下高校跨学科组织科研生产力影响机制研究

5.5.1 理论与假设

1. 跨学科组织与科研生产力

组织中科研人员的职称、学历、学科、年龄等结构在早期受到了学术界的关注。跨学科组织中许多情境问题如专家的地位、权力等均影响着跨学科研究实践活动。其中,组织中专家的职位权力取决于专家的地位(Rowe,1996),而专家的地位与其威望和职称紧密相连(Lindeke & Block,1998)。Leipzig等(2002)通过调查发现,研究人员的态度及科研产出受到其学历层次的影响。知识结构取决于学科结构,这使得跨学科成为热门话题,高效的跨学科组织具有研究成员间学科知识结构优势互补的显著特征。康旭东、王前、郭东明(2005)指出,科研团队中优势互补的年龄结构,有利于高效创新团队的形成。黄超、杨英杰(2017)也指出,跨学科团队与组织的差异与变化,对跨学科合作的成效会产生影响。陈艾华、吕旭峰、王晓婷(2017)通过实证分析发现,跨学科组织合理性对研究型大学跨学科科研生产力有显著的提升作用。基于上述分析,提出以下假设。

H1:跨学科组织合理性对其科研生产力有正向影响。

为适应科技的迅猛发展,学术机构与企业均积极进行知识协同,以满足研发及技术创新活动对知识在深广度上的需求,从而提升创新能力(Kwon,Jang & Han,2015)。高校跨学科组织作为高校内部的自主创新主体,能够综合利用各种资源如跨学科知识和跨学科人才,在产学知识协同系统中更好地促进知识转移(Bozeman & Gaughan,2007;毕颖、杨连生,2014)。与此同时,高校跨学科组织在与产业界进行知识交换的过程中不仅可以更好地满足市场需求,找准研究方向(何郁冰、张迎春,2017),而且还能从产业界获取跨学科研究的策略。学者们基于宏观和微观视角,对高校跨学科组织和产业界进行知识协同的绩效进行了阐述。刘凡丰、沈兰芳(2007)以美国为例,通过研究指出,在美国州政府政策的积极支持下,许多州立大学组建的跨学科研究中心,与产业界合作创建了具有聚集效应的高科技产业,在国家或区域创新系统中扮演重要角色的同时,也快速提升了其学术地位。Gulbrandsen 和 Smeby(2005)对来自挪威具有终身职位的大学教授展开调查,发现产业资助与大学教授的高产出存在某种关联。基于上述分析,提出以下假设。

H2:跨学科组织和产业界联系对其科研生产力有正向影响。

2. 管理体制在"跨学科组织—科研生产力"关系中的中介作用

目前,促进跨学科研究已成为许多高校的一个重要发展战略,越来越多的高校研究正经历着从学科的、同质的传统模式向跨学科的、异质的新模式转变。作为组织制度、组织文化等建设的载体,跨学科组织确定了内部的工作关系,界定了活动的大致边界。在不同的跨学科组织结构环境下,科研团队的组成、职权、汇报关系以及资源可用性等都存在不同,其管理模式也存在差异。合理的跨学科组织不仅可以促进团队工作效率的提升,形成和谐有序的组织管理层级,而且可以降低管理成本。廖湘阳(2010)认为,按照参与主体间的结构关系和研究任务确立组织架构,可以促进科研组织集成沿着价值链上升。陈婵(2015)通过实证研究发现,跨学科组织形式对跨学科研究管理体制有正向影响。朱凌、常甲辉、徐旋(2012)通过案例分析发现,产学协同在推动技术产业化前移的同时,高校的学科建议能有效游走于前沿和实践之间。在进行实践调研访谈的过程中,众多专家与学者也指出,跨学科组织和产业界合作,不仅有利于跨学科研究成果的顺利转化,而且有助于借助产业界的成功经验,理顺跨学科研究管理体制。基于上述分析,提出以下假设。

H3a:跨学科组织合理性对跨学科研究管理体制有正向影响;

H3b:跨学科组织和产业界联系对跨学科研究管理体制有正向影响。

高校可设立跨学科学术委员会,对跨学科组织开展的跨学科研究活动进行管理,如对总体发展方向进行指导、对所承担的课题进行监督、对重大事项做出决策等。跨学科学术委员会的成员应既有科研机构的学者,又有来自产业界的高层和研究者,以取得众多具有开创性的成果。斯坦福大学在这方面可谓成功的典范,在跨学科研究发展趋势引领下,其大多数实验室均由一位主任进行管理,有部分研究机构由两位主任共同管理,甚至少数机构有代理主任辅助主任开展工作。主任经跨学科学术委员会选举产生,由学校聘任,学校分管副校长是其直接领导者。另外,斯坦福大学开展的跨学科启动项目(Interdisciplinary Initiatives Program,简称 IIP)提供种子基金,用于资助那些获取不到美国国家自然科学基金会（National Science Foundation，简称NSF）或美国健康协会（National Institutes of Health，简称NIH）等机构资助的跨学科研究项目（Committee on Facilitating Interdisciplinary Research，2004）。基于此，斯坦福大学诞生了众多富有创新性的科技成果。通过问卷调查研究，Bordage 等（2000）发现，在知识方面，机构主任应拥有完整的知识如广泛的职业知识、管理理论与管理实践知识；在技能方面，机构主任应具备系列技能如解决问题、进行谈判、开展体系设计与再设计、对政策进行规划与分析、利用信息系统、管理人力资源、在跨学科团队中开展工作等。基于上述分析，提出以下假设。

H4：跨学科研究管理体制对跨学科组织的科研生产力有正向影响。

基于中介变量的含义并鉴于上述分析，分别用 H5a 和 H5b 表示假设"跨学科研究管理体制"变量在跨学科组织的两个子维度即跨学科组织合理性及其和产业界的联系与科研生产力之间关系中均具有某种程度的中介作用（由于篇幅所限，具体文字不再赘述）。

3. 运行机制在"跨学科组织—科研生产力"关系中的中介作用

美国高校在实践上阐释了管理学研究中的"结构效率先于运营效率"的论断。美国诸多高校通过实体、虚体相结合的组织形式，使跨学科研究运行机制中存在的问题得以有效解决，如麻省理工学院计算机系统生物学创新工程（Computational and Systems Biology Initiative，简称 CSBI）虽是虚拟的跨学科组织，但通过团队建设，彰显了其独特的运行机制，增强了其对外界的适应性和灵活性。杜克大学认识到社会科学对知识生产的重要作用，将一些实体机构进行合并，使研究组织更趋合理，不仅拓展了社科研究领域，而且提升了其运行效率，合并后的研究机构运用跨学科视角解决了当地社区、全国甚至全球的许多重大问题（陈艾华、邹晓东，2017）。在州政府的政策支持下，美国许多州立大学组建了巨型跨学科研究中心，和产业界积极合作一起打造高科技产业，在提升其学术地位的同时，也在国家和区域创新系统中发挥着愈益重要的作用。刘凡丰等（2017）也认为，研究机构吸收校友、企业或慈善基金会等校外人士以理事会成员身份参与治理学术，既可以防止内部人控制学术，又可以将外部的实际问题带入高校。基于上述分析，提出以下假设。

H6a：跨学科组织合理性对跨学科研究运行机制有正向影响；

H6b：跨学科组织和产业界联系对跨学科研究运行机制有正向影响。

学者们对跨学科研究运行机制聚焦于研究主题、成员间的沟通、跨学科人才、研究经费等方面。每组研究集群代表一个研究领域,在开展研究时应集中研究特定的主题,这一点得到了 Wu 和 Hobbs(2002)的支持,即不同研究领域虽然研究主题各异,但在开展研究工作时应聚焦优先的研究主题。跨学科研究诞生于现实问题研究的需要,因此跨学科组织必须围绕现实问题开展研究工作,在与现实环境相互作用的过程中消耗资源的同时,也向环境输送相关资源。每一学科在描述客观世界时呈现的专业知识具有独特性,不同学科对同一信息的关注度存在差异,表述方式也有所不同,因此,开展跨学科研究的一个前提条件是来自不同学科的科研人员跨学科交流研究问题的能力(焦磊、谢安邦、赵军,2017)。由于人是科研活动的主体,对跨学科人才进行培育是开展跨学科研究、提升科研生产力的重要智力支撑。作为高层次创新人才培养的主要基地,高校研究生教育应该让学生为方兴未艾的跨学科研究做好准备,以迎接全球就业市场(Golde & Gallagher,1999)。研究经费是决定知识生产的一大关键因素,其分配结构对科研绩效与评估产生影响(Benner & Sandström,2000)。张炜、钟雨婷(2017)通过案例研究发现,德国亚琛工业大学的精英研究生院——亚琛计算工程科学高级研究院(Aachen Institute for Advanced Study in Computational Engineering Science,简称 AICES)会聚导向的跨学科研究运行机制,促进了 AICES 的跨学科研究。基于上述分析,提出以下假设。

H7:跨学科研究运行机制对跨学科组织的科研生产力有正向影响。

基于中介变量的含义并鉴于上述分析,分别用 H8a 和 H8b 表示假设"跨学科研究运行机制"变量在跨学科组织的两个子维度即跨学科组织合理性及其和产业界的联系与科研生产力之间关系中均具有某种程度的中介作用(由于篇幅所限,具体文字不再赘述)。

4. 评价机制在"跨学科组织—科研生产力"关系中的中介作用

就社会学视角而言,高校各学科不断地进行着达尔文主义的竞争,以巩固自身的影响和地位。强势学科的学者们在跨学科组织中试图掌握制定衡量跨学科研究过程与跨学科研究成果标准的权力,而处于弱势学科的学者们力求颠覆现有的权力秩序。围绕主导权的冲突导致跨学科研究团队中来自不同学科的学者们难以从脆弱的威慑型信任走向坚固的认同型信任(Shapiro,Sheppard & Cheraskin,1992),而同行评议在这种氛围中会产生强大的学科张力,进一步固化了跨学科研究中学科化课题组存在的合法性,降低了跨学科科研团队成员的归属感。因此,通过与企业进行跨学科联合研究或聘任,不仅能发挥高校的知识创新主体作用,而且能使企业扮演好技术创新主体角色,在促进知识流动与扩散的同时,也易形成基于市场竞争的跨学科研究成果评价机制,实现由狭隘的同行评议转向兼顾知识生产利益相关者的学术评价体系(张洋磊、张应强,2017)。这一点也获得了实践调研过程中接受访谈的专家与学者的支持。基于上述分析,提出以下假设。

H9a:跨学科组织合理性对跨学科研究评价机制有正向影响;

H9b:跨学科组织和产业界联系对跨学科研究评价机制有正向影响。

团队生产在知识生产领域作为一种潮流与趋势,被愈益增多的组织所接受,Wuchty 等(2007)通过在《科学》期刊上发表的一篇报道对其原因进行了阐释,利用统计分析数据,他们指出,团队生产模式在知识生产领域比个体生产模式具有明显优势。因此,在评价跨学科研究成果时,为鼓励尽可能多的团队进行协作产生更多富有创新性的成果,评价政策可以向科研团队倾斜。然而,跨学科领域基于单一学科领域创建的评价机制,使得其在评价中失去了一些优势(University Leadership Council,2009)。许多从事跨学科研究的科研人员虽然取得了丰硕的跨学科研究成果,但由于在考核与评聘时需要回归到所属的院系,他们在非本学科出版物上发表的跨学科研究成果一般不细分到各个学科,只在学校层面上统计成果,导致其所属院系一般不鼓励本单位的科研人员从事跨学科研究。科研人员在这样的评价机制下,考虑到从事跨学科研究可能会影响自己在原学科领域的影响力和贡献度,从而不利于学术生涯的发展,因而对从事跨学科研究顾虑重重,在很大程度上束缚了高校跨学科组织的科研生产力发展,这点也获得了实地调研和访谈过程中的专家与学者的支持。国外一些知名大学如麻省理工学院由于建立了与跨学科研究相匹配的学术评价制度,极大地提升了科研生产力。基于上述分析,提出以下假设。

H10:跨学科研究评价机制对跨学科组织的科研生产力有正向影响。

基于中介变量的含义并鉴于上述分析,分别用 H11a 和 H11b 表示假设"跨学科研究评价机制"变量在跨学科组织的两个子维度即跨学科组织合理性及其和产业界的联系与科研生产力之间关系中均具有某种程度的中介作用(由于篇幅所限,具体文字不再赘述)。

5.5.2 共同方法偏差检验

在调查研究中,有可能会出现共同方法偏差问题(Huber & Power,

1985)。与已有关于跨学科合作的研究类似,本书的主要邀请在高校跨学科组织中从事跨学科合作研究的研究人员填写调查问卷。虽然高校跨学科组织中从事跨学科合作研究的研究人员作为关键信息提供者,参与了促进跨学科合作的工作,积累了丰富而真实的促进跨学科合作的经验,具有足够的相关知识,能够更准确地回答问卷中的相关问题,但也可能产生共同方法偏差。运用Harman单因子检测法对本研究中可能出现的共同方法偏差问题进行检验,采用主成分分析法对所有变量的测度指标进行分析,提取出六个特征根大于1的公因子,六个公因子累积可解释方差为67.206%,其中,单个因子的最大方差解释率为28.426%,低于40%,没有出现单一因子解释所有变量大部分方差的情况,表明本书中各个变量之间不存在严重的共同方法偏差问题(见表5-20、表5-21)。

表5-20 主成分分析中提取的成分

变量测度指标	成分1	成分2	成分3	成分4	成分5	成分6
明确的跨学科研究主题	0.713					
围绕现实问题开展跨学科研究	0.788					
跨学科研究成员之间进行有效沟通	0.829					
大力培养跨学科人才	0.665					
合理分配跨学科研究经费	0.637					
职称结构合理性		0.788				
学历层次结构合理性		0.806				
学科结构合理性		0.823				
年龄结构合理性		0.822				
满足产业界的需求			0.760			
吸引产业界加入			0.818			
与产业界合作研究			0.593			
接受产业界的研究建议			0.757			
建立健全的跨学科学术评价制度				0.727		
评价时鼓励团队协作				0.836		
承认在其他学科出版物上发表的成果				0.801		
发表了较多高水平论文				0.543		

续表

变量测度指标	成分1	成分2	成分3	成分4	成分5	成分6
出版了较多具有影响力的专著					0.834	
申请了很多新的专利					0.751	
获得了较多的省部级及以上奖项					0.786	
建立跨学科学术委员会						0.786
委员会领导下的主任负责制						0.684
在学校层面设立跨学科研究专项基金						0.688

表 5-21 解释的总方差

因子编号	原始特征根 值	所占方差的比例/%	所占方差的累积比例/%	旋转负载的平方和 值	所占方差的比例/%	所占方差的累积比例/%
1	6.538	28.426	28.426	6.538	28.426	28.426
2	2.434	10.583	39.009	2.434	10.583	39.009
3	2.215	9.631	48.640	2.215	9.631	48.640
4	1.632	7.096	55.735	1.632	7.096	55.735
5	1.393	6.055	61.791	1.393	6.055	61.791
6	1.246	5.416	67.206	1.246	5.416	67.206
7	0.897	3.901	71.108			
8	0.747	3.247	74.355			
9	0.654	2.843	77.198			
10	0.570	2.477	79.675			
11	0.533	2.315	81.990			
12	0.483	2.098	84.088			
13	0.465	2.020	86.109			
14	0.442	1.923	88.031			
15	0.406	1.763	89.794			
16	0.377	1.640	91.434			
17	0.365	1.588	93.022			

续表

因子编号	原始特征根 值	所占方差的比例/%	所占方差的累积比例/%	旋转负载的平方和 值	所占方差的比例/%	所占方差的累积比例/%
18	0.313	1.360	94.382			
19	0.307	1.335	95.717			
20	0.285	1.239	96.956			
21	0.266	1.156	98.112			
22	0.235	1.022	99.135			
23	0.199	0.865	100.000			

5.5.3 假设关系检验

在进行多元回归分析之前,对模型的多重共线性问题、序列相关问题和异方差问题进行了检验。所有模型的方差膨胀因子值和容许度值均接近于1,表明回归模型不存在多重共线性问题;模型中的DW值均近似等于2,说明不存在序列相关问题;标准化残差的散点图皆呈现无序状态,说明所有的回归模型均无异方差问题。

对上述各项假设采用多元回归分析法进行验证。表5-22是跨学科组织、跨学科研究管理体制、运行机制、评价机制与科研生产力各变量间的多元回归分析结果。

表5-22 跨学科组织、跨学科研究管理体制、运行机制、评价机制与科研生产力的多元回归分析

变量	MI 模型1	OI 模型2	EI 模型3	RP 模型4	RP 模型5	RP 模型6
TI	0.172**	0.128*	0.141**	0.160**		0.053
II	0.298***	0.323***	0.152**	0.155**		−0.013
MI					0.177***	0.172**
OI					0.184***	0.182**
EI					0.386***	0.381***

续表

变量	MI	OI	EI	RP		
	模型1	模型2	模型3	模型4	模型5	模型6
F	22.376***	22.943***	7.482**	8.681***	30.233***	18.347***
R^2	0.118	0.121	0.043	0.050	0.215	0.218
调整的 R^2	0.113	0.116	0.037	0.044	0.207	0.206

*,**,*** 分别表示在5%、1%和0.1%的水平上显著

模型1至模型3分别考察自变量跨学科组织的两个子维度对跨学科研究管理体制、运行机制和评价机制的影响;模型4至模型6分别考察自变量的两个子维度及跨学科研究管理体制、运行机制、评价机制对因变量科研生产力的影响,以及跨学科研究管理体制、运行机制和评价机制作为中介变量的检验。各变量模型的F检验值极显著和显著,说明从方程的显著性检验而言,模型的总体线性关系是显著的,且R^2值随着变量的增加而增加,也反映了将新变量引入模型是合适的,以上模型总体上能够较好地检验各变量间存在相互关系。

1. 跨学科组织对跨学科研究管理体制、运行机制和评价机制的影响

模型1的分析结果表明,跨学科组织的两个子维度即跨学科组织合理性及其和产业界的联系与跨学科研究管理体制之间显著正相关,回归系数分别为0.172($p<0.01$)、0.298($p<0.001$),假设H3a和H3b得到支持;模型2的分析结果表明,跨学科组织的两个子维度即跨学科组织合理性及其和产业界的联系与跨学科研究运行机制之间显著正相关,回归系数分别为0.128($p<0.05$)、0.323($p<0.001$),假设H6a和H6b得到支持;模型3的分析结果表明,跨学科组织的两个子维度即跨学科组织合理性及其和产业界的联系与跨学科研究评价机制之间显著正相关,回归系数分别为0.141和0.152(p值均小于0.01),假设H9a和H9b得到支持。另外,模型1和模型2及模型3的显著性系数结果也表明,与跨学科组织合理性相比,跨学科组织和产业界联系与跨学科研究管理体制、运行机制和评价机制之间的正相关关系更强,说明跨学科组织和产业界联系更能促进跨学科研究管理体制、运行机制和评价机制的完善与优化。

2. 跨学科组织对科研生产力的影响

模型4的分析结果表明,跨学科组织的两个子维度即跨学科组织合理性

及其与产业界的联系与科研生产力之间显著正相关,回归系数分别为0.160和0.155(p值均小于0.01),假设H1和H2得到支持。模型4也反映出,与跨学科组织与产业界的联系相比,跨学科组织合理性对科研生产力的正向影响更显著。

3. 跨学科研究管理体制、运行机制和评价机制对科研生产力的影响,及其中介效应检验

模型5和模型6反映了跨学科研究管理体制、运行机制和评价机制对科研生产力的影响结果,以及在加入跨学科研究管理体制、运行机制和评价机制中介变量后,自变量跨学科组织合理性及其与产业界的联系对因变量科研生产力的变化情况。从模型5中可以看出,跨学科研究管理体制、运行机制、评价机制对科研生产力有显著的正向影响,回归系数分别为0.177、0.184和0.386(p值均小于0.001),其中,跨学科研究评价机制对科研生产力的正向影响最为显著,H4、H7和H10得到支持。从模型6中可以看出,在加入跨学科研究管理体制、运行机制和评价机制等变量之后,自变量跨学科组织及其和产业界的联系对科研生产力的影响分别从前面的0.160和0.155(p值均小于0.01)减少到0.053和−0.013且未通过显著性检验(p值均大于0.05),而跨学科研究管理体制、运行机制和评价机制对科研生产力的影响仍然显著,表明跨学科研究管理体制、运行机制和评价机制在跨学科组织的两个子维度跨学科组织及其和产业界的联系与科研生产力之间均存在着显著的完全中介效应,并且跨学科研究管理体制、运行机制和评价机制在跨学科组织和产业界的联系与科研生产力之间发挥出的中介作用更为显著。基于上述分析,假设H5a、H5b、H8a、H8b、H11a和H11b得到支持。

5.5.4 稳健性检验

为了避免各个变量的极端值对检验结果的准确性造成影响,本书的研究对所有变量进行1%和99%分位数的双侧缩尾处理,对双侧缩尾处理后的数据进行多元回归模型分析,结果如表5-23所示。从表5-23中可以看出,对各个变量进行缩尾后,多元回归分析结果与表5-22基本无差异,表明本研究中的实证结果比较稳健。

表 5-23　变量缩尾后回归

变量	MI 模型 1	OI 模型 2	EI 模型 3	RP 模型 4	RP 模型 5	RP 模型 6
TI	0.164**	0.129*	0.149**	0.157**		0.050
II	0.302***	0.321***	0.167**	0.156**		−0.016
MI					0.178***	0.174**
OI					0.182***	0.181***
EI					0.376***	0.371***
F	22.401***	22.665***	8.820***	8.628***	29.095***	17.636***
R^2	0.119	0.120	0.050	0.049	0.208	0.211
调整的 R^2	0.113	0.115	0.045	0.044	0.201	0.199

*，**，*** 分别表示在 5%、1% 和 0.1% 的水平上显著

5.5.5　异质性分析

1. 性别的影响

(1) 管理体制的性别差异

不同性别在管理体制上的各测度指标分经方差齐性检验、方差检验如表 5-24 所示。结果显示，不同性别在建立跨学科学术委员会、委员会领导下的主任负责制、在学校层面设立跨学科研究专项基金等测度指标分上差异无显著性（$p>0.05$）。

表 5-24　不同性别在管理体制上的对比分析

题项标签	男性 $n=270$	女性 $n=66$	t
建立跨学科学术委员会	5.24±1.042	5.23±0.973	0.122
委员会领导下的主任负责制	5.50±1.008	5.50±1.218	0.000
在学校层面设立跨学科研究专项基金	5.24±0.987	5.45±0.931	−1.568

* $p<0.05$　** $p<0.01$　*** $p<0.001$

(2) 运行机制的性别差异

不同性别在运行机制上的各测度指标分经方差齐性检验、方差检验如表

5-25所示。结果显示,不同性别在明确的跨学科研究主题、大力培养跨学科人才、合理分配跨学科研究经费等测度指标分上差异无显著性($p>0.05$),但在围绕现实问题开展跨学科研究、跨学科研究成员之间进行有效沟通等测度指标分上存在显著差异($p<0.05$)。

表 5-25 不同性别在运行机制上的对比分析

题项标签	男性 $n=270$	女性 $n=66$	t
明确的跨学科研究主题	5.56±0.954	5.80±0.996	−1.873
围绕现实问题开展跨学科研究	5.66±1.007	5.98±0.886	−2.435*
跨学科研究成员之间进行有效沟通	5.78±0.950	6.03±0.723	−2.021*
大力培养跨学科人才	5.43±0.871	5.59±1.095	−1.308
合理分配跨学科研究经费	5.72±0.984	5.74±1.027	−0.175

* $p<0.05$ ** $p<0.01$ *** $p<0.001$

(3)评价机制的性别差异

不同性别在评价机制上的各测度指标分经方差齐性检验、方差检验表5-26所示。结果显示,不同性别在建立健全的跨学科学术评价制度、评价时鼓励团队协作、承认在其他学科出版物上发表的成果等测度指标分上差异无显著性($p>0.05$)。

表 5-26 不同性别在评价机制上的对比分析

题项标签	男性 $n=270$	女性 $n=66$	t
建立健全的跨学科学术评价制度	5.54±0.985	5.67±0.966	−0.962
评价时鼓励团队协作	5.60±1.003	5.61±0.943	−0.045
承认在其他学科出版物上发表的成果	5.51±0.982	5.65±0.832	−1.099

* $p<0.05$ ** $p<0.01$ *** $p<0.001$

(4)科研生产力的性别差异

不同性别在科研生产力上的各测度指标分经方差齐性检验、方差检验表5-27所示。结果显示,不同性别在跨学科组织发表了较多高水平论文、跨学科组织出版了较多具有影响力的专著、跨学科组织申请了很多新的专利、跨学科组织获得了较多的省部级及以上奖项等测度指标分上差异无显著性($p>0.05$)。

表 5-27 不同性别在科研生产力上的对比分析

题项标签	男性 $n=270$	女性 $n=66$	t
跨学科组织发表了较多高水平论文	5.58±0.862	5.44±0.862	1.169
跨学科组织出版了较多具有影响力的专著	5.25±0.921	5.20±0.789	0.415
跨学科组织申请了很多新的专利	5.39±0.925	5.48±0.808	−0.804
跨学科组织获得了较多的省部级及以上奖项	5.05±0.949	5.21±1.045	−1.233

* $p<0.05$　** $p<0.01$　*** $p<0.001$

(5) 影响机制的性别差异

为了检验不同性别对影响机制是否存在不同的影响,本书的以性别为基准对样本进行了分组,结果如表 5-28 所示。在男性组中,跨学科研究管理体制、运行机制、评价机制在跨学科组织合理性、跨学科组织与产业界联系和科研生产力的关系中发挥的中介效应更为显著。

2. 学科的影响

(1) 管理体制的学科差异

不同学科在管理体制上的各测度指标分经方差齐性检验、方差检验如表 5-29 所示。结果显示,不同学科在建立跨学科学术委员会、委员会领导下的主任负责制、在学校层面设立跨学科研究专项基金等测度指标分上差异无显著性($p>0.05$)。

(2) 运行机制的学科差异

不同学科在运行机制上的各测度指标分经方差齐性检验、方差检验如表 5-30 所示。结果显示,不同学科在明确的跨学科研究主题、大力培养跨学科人才、合理分配跨学科研究经费等测度指标分上差异无显著性($p>0.05$),但在围绕现实问题开展跨学科研究($p<0.01$)、跨学科研究成员之间进行有效沟通($p<0.05$)等测度指标分上存在显著差异。

(3) 评价机制的学科差异

不同学科在评价机制上的各测度指标分经方差齐性检验、方差检验如表 5-31 所示。结果显示,不同学科在评价时鼓励团队协作、承认在其他学科出版物上发表的成果等测度指标分上差异无显著性($p>0.05$),但在建立健全的跨学科学术评价制度测度指标分上存在显著差异($p<0.05$)。

第5章 内部协同视域下高校科研生产力提升的作用机理

表 5-28 不同性别的异质性影响

	男性						女性					
	MI	OI	EI		RP		MI	OI	EI		RP	
变量	模型 1	模型 2	模型 3	模型 4	模型 5	模型 6	模型 1	模型 2	模型 3	模型 4	模型 5	模型 6
TI	0.203***	0.098*	0.149**	0.168***		0.063	0.054	0.265**	0.102	0.125		0.020
II	0.301***	0.373***	0.178***	0.180***		−0.003	0.296**	0.070	0.016	0.043		−0.019
MI					0.182***	0.170***					0.139	0.145
OI					0.189***	0.183***					0.169	0.165
EI					0.363***	0.354***					0.520***	0.518***
F 值	20.131***	23.262***	7.567***	8.681***	21.448***	13.078***	3.168**	2.592*	0.341	0.564	10.838***	6.313***
R^2	0.131	0.148	0.054	0.060	0.195	0.218	0.091	0.076	0.011	0.018	0.344	0.345
调整的 R^2	0.125	0.142	0.047	0.053	0.186	0.206	0.063	0.047	−0.021	−0.014	0.312	0.290

*,**,*** 分别表示在 10%,5% 和 1% 的水平上显著

表 5-29 不同学科在管理体制上的对比分析

题项标签	自然学科 $n=185$	人文社会学科 $n=151$	t
建立跨学科学术委员会	5.20±1.072	5.29±0.970	0.811
委员会领导下的主任负责制	5.50±1.033	5.50±1.076	−0.052
在学校层面设立跨学科研究专项基金	5.22±0.950	5.36±1.010	1.331

* $p<0.05$ ** $p<0.01$ *** $p<0.001$

表 5-30 不同学科在运行机制上的对比分析

题项标签	自然学科 $n=185$	人文社会学科 $n=151$	t
明确的跨学科研究主题	5.70±0.953	5.49±0.972	−1.965
围绕现实问题开展跨学科研究	5.85±0.863	5.56±1.111	−2.764**
跨学科研究成员之间进行有效沟通	5.93±0.841	5.70±0.985	−2.286*
大力培养跨学科人才	5.49±0.879	5.42±0.969	−0.740
合理分配跨学科研究经费	5.81±0.958	5.62±1.025	−1.687

* $p<0.05$ ** $p<0.01$ *** $p<0.001$

表 5-31 不同学科在评价机制上的对比分析

题项标签	自然学科 $n=185$	人文社会学科 $n=151$	t
建立健全的跨学科学术评价制度	5.45±1.010	5.70±0.929	2.370*
评价时鼓励团队协作	5.62±0.999	5.58±0.983	−0.418
承认在其他学科出版物上发表的成果	5.53±0.978	5.54±0.929	0.127

* $p<0.05$ ** $p<0.01$ *** $p<0.001$

(4)科研生产力的学科差异

不同学科在科研生产力上的各测度指标分经方差齐性检验、方差检验如表 5-32 所示。结果显示,不同学科在跨学科组织发表了较多高水平论文测度指标分上差异无显著性($p>0.05$),但在跨学科组织出版了较多具有影响力的专著($p<0.01$)、跨学科组织申请了很多新的专利($p<0.05$)、跨学科组织获得了较多的省部级及以上奖项($p<0.01$)等测度指标分上差异存在显著性。

表 5-32　不同学科在科研生产力上的对比分析

题项标签	自然学科 $n=185$	人文社会学科 $n=151$	t
跨学科组织发表了较多高水平论文	5.49±0.921	5.62±0.781	1.383
跨学科组织出版了较多具有影响力的专著	5.11±0.902	5.40±0.865	2.978**
跨学科组织申请了很多新的专利	5.31±0.954	5.52±0.823	2.185*
跨学科组织获得了较多的省部级及以上奖项	4.95±0.948	5.25±0.973	2.843**

* $p<0.05$　** $p<0.01$　*** $p<0.001$

(5) 影响机制的学科差异

为了检验不同学科对影响机制是否存在不同的影响，本研究以学科为基准对样本进行了分组，结果如表 5-33 所示。在跨学科组织合理性、跨学科组织与产业界联系、跨学科研究管理体制、运行机制、评价机制的共同作用下，来自人文社会学科的跨学科组织与产业界联系对科研生产力有不显著的抑制作用，而来自自然学科的跨学科组织与产业界联系对科研生产力有不显著的促进作用。

3. 职称的影响

(1) 管理体制的职称差异

不同职称在管理体制上的各测度指标分经方差齐性检验、方差检验如表 5-34 所示。结果显示，不同职称在建立跨学科学术委员会、在学校层面设立跨学科研究专项基金等测度指标分上差异无显著性（$p>0.05$），但在委员会领导下的主任负责制测度指标分上差异存在显著性（$p<0.01$）。

鉴于此，在委员会领导下的主任负责制这一测度指标分上进行不同职称的多重比较，具体结果如表 5-35 所示。从表 5-35 中可见，在委员会领导下的主任负责制这一测度指标分上，具有正高级职称的科研人员与具有副高级职称、中级职称的科研人员存在显著差异（$p<0.05, p<0.01$），但与具有初级及以下职称的科研人员不存在显著差异（$p>0.05$）；具有副高级职称的科研人员与具有中级职称、初级及以下职称的科研人员无显著差异（$p>0.05$）；具有中级职称的科研人员与具有初级及以下职称的科研人员无显著差异（$p>0.05$）。

表 5-33 不同学科的异质性影响

变量	自然学科						人文社会学科					
	MI	OI	EI	EI	RP	RP	MI	OI	EI	EI	RP	RP
	模型1	模型2	模型3	模型4	模型5	模型6	模型1	模型2	模型3	模型4	模型5	模型6
TI	0.199***	0.199***	0.173**	0.270***		0.147**	0.204**	0.003	0.145*	0.140*		0.030
II	0.295***	0.316***	0.133*	0.152*		0.004	0.318***	0.354***	0.192**	0.200**		−0.014
MI					0.147**	0.118					0.213***	0.210***
OI					0.256***	0.227***					0.161**	0.165**
EI					0.335***	0.309***					0.463***	0.460***
F值	12.103***	13.524***	4.196**	8.911**	14.112***	9.459***	13.263***	10.589***	4.781***	5.022***	20.896***	12.427***
R^2	0.117	0.129	0.044	0.089	0.190	0.209	0.152	0.125	0.062	0.064	0.299	0.300
调整的 R^2	0.108	0.120	0.034	0.079	0.176	0.187	0.141	0.113	0.049	0.051	0.285	0.276

*, **, *** 分别表示在10%、5%和1%的水平上显著

表 5-34　不同职称在管理体制上的对比分析

题项标签	正高级 $n=174$	副高级 $n=68$	中级 $n=62$	初级及以下 $n=32$	F
建立跨学科学术委员会	5.13±1.068	5.43±1.083	5.34±0.829	5.28±0.991	1.674
委员会领导下的主任负责制	5.32±1.106	5.65±0.910	5.84±0.872	5.53±1.164	4.514**
在学校层面设立跨学科研究专项基金	5.17±1.028	5.31±0.935	5.47±0.882	5.50±0.916	2.037

* $p<0.05$　** $p<0.01$　*** $p<0.001$

表 5-35　职称差异多重比较——委员会领导下的主任负责制

项目	正高级 $n=174$	副高级 $n=68$	中级 $n=62$	初级及以下 $n=32$
正高级 $n=174$	/	$p=0.026$	$p=0.001$	$p=0.280$
副高级 $n=68$	$p=0.026$	/	$p=0.292$	$p=0.602$
中级 $n=62$	$p=0.001$	$p=0.292$	/	$p=0.173$
初级及以下 $n=32$	$p=0.280$	$p=0.602$	$p=0.173$	/

(2)运行机制的职称差异

不同职称在运行机制上的各测度指标分经方差齐性检验、方差检验如表 5-36 所示。结果显示,不同职称在明确的跨学科研究主题、围绕现实问题开展跨学科研究、跨学科研究成员之间进行有效沟通、大力培养跨学科人才、合理分配跨学科研究经费等测度指标分上差异无显著性(p>0.05)。

表 5-36　不同职称在运行机制上的对比分析

题项标签	正高级 $n=174$	副高级 $n=68$	中级 $n=62$	初级及以下 $n=32$	F
明确的跨学科研究主题	5.50±0.923	5.57±0.935	5.85±1.006	5.75±1.107	2.362
围绕现实问题开展跨学科研究	5.67±0.901	5.71±1.037	5.87±1.048	5.72±1.250	0.615
跨学科研究成员之间进行有效沟通	5.78±0.818	5.78±0.944	6.02±0.967	5.81±1.203	1.092
大力培养跨学科人才	5.40±0.905	5.50±0.906	5.42±1.017	5.78±0.792	1.670
合理分配跨学科研究经费	5.71±0.984	5.79±0.971	5.81±0.884	5.47±1.244	0.971

* $p<0.05$　** $p<0.01$　*** $p<0.001$

(3) 评价机制的职称差异

不同职称在评价机制上的各测度指标分经方差齐性检验、方差检验如表5-37所示。结果显示，不同职称在建立健全的跨学科学术评价制度、评价时鼓励团队协作、承认在其他学科出版物上发表的成果等测度指标分上差异无显著性（$p>0.05$）。

表 5-37　不同职称在评价机制上的对比分析

题项标签	正高级 $n=174$	副高级 $n=68$	中级 $n=62$	初级及以下 $n=32$	F
建立健全的跨学科学术评价制度	5.49±1.058	5.57±0.903	5.77±0.857	5.50±0.916	1.291
评价时鼓励团队协作	5.64±0.985	5.40±0.849	5.68±1.004	5.66±1.234	1.228
承认在其他学科出版物上发表的成果	5.55±1.000	5.35±0.877	5.66±0.957	5.63±0.833	1.291

* $p<0.05$　** $p<0.01$　*** $p<0.001$

(4)科研生产力的职称差异

不同职称在科研生产力上的各测度指标分经方差齐性检验、方差检验如表 5-38 所示。结果显示,不同职称在跨学科组织发表了较多高水平论文、跨学科组织申请了很多新的专利、跨学科组织获得了较多的省部级及以上奖项等测度指标分上差异无显著性($p>0.05$),但在跨学科组织出版了较多具有影响力的专著测度指标分上差异存在显著性($p<0.01$)。

表 5-38　不同职称在科研生产力上的对比分析

题项标签	正高级 $n=174$	副高级 $n=68$	中级 $n=62$	初级及以下 $n=32$	F
跨学科组织发表了较多高水平论文	5.60±0.859	5.62±0.754	5.42±1.001	5.38±0.793	1.279
跨学科组织出版了较多具有影响力的专著	5.36±0.887	5.25±0.870	5.08±0.855	4.84±0.954	3.918**
跨学科组织申请了很多新的专利	5.40±0.804	5.29±0.931	5.47±1.141	5.53±0.842	0.649
跨学科组织获得了较多的省部级及以上奖项	5.11±0.961	5.19±0.996	4.94±1.022	4.94±0.840	1.064

* $p<0.05$　** $p<0.01$　*** $p<0.001$

鉴于此,在跨学科组织出版了较多具有影响力的专著这一测度指标分上进行不同职称的多重比较,具体结果如表 5-39 所示。从表 5-39 中可见,在跨学科组织出版了较多具有影响力的专著这一测度指标分上,具有正高级职称的科研人员与具有副高级职称的科研人员无显著差异($p>0.05$),但与具有中级职称、初级及以下职称的科研人员有显著差异($p<0.05, p<0.01$);具有副高级职称的科研人员与具有中级职称的科研人员无显著差异($p>0.05$),但与具有初级及以下职称的科研人员有显著差异($p<0.05$);具有中级职称的科研人员与具有初级及以下职称的科研人员无显著差异($p>0.05$)。

表 5-39　职称差异多重比较——出版了较多具有影响力的专著

项目	正高级 $n=174$	副高级 $n=68$	中级 $n=62$	初级及以下 $n=32$
正高级 $n=174$	/	$p=0.376$	$p=0.032$	$p=0.003$
副高级 $n=68$	$p=0.376$	/	$p=0.276$	$p=0.033$
中级 $n=62$	$p=0.032$	$p=0.276$	/	$p=0.219$
初级及以下 $n=32$	$p=0.003$	$p=0.033$	$p=0.219$	/

(5) 影响机制的职称差异

为了检验不同职称对影响机制是否存在不同的影响，本研究以职称为基准对样本进行了分组，结果如表 5-40 所示。在跨学科组织合理性、跨学科组织与产业界联系、跨学科研究管理体制、运行机制、评价机制的共同作用下，副高级及以上职称的科研人员所在跨学科组织与产业界联系对科研生产力有不显著的抑制作用，而中级及以下职称的科研人员所在跨学科组织与产业界联系对科研生产力有不显著的促进作用。

综上所述，在跨学科研究运行机制的部分测度指标上存在性别、学科差异，在跨学科研究评价机制的部分测度指标上存在学科差异，在跨学科研究管理体制的部分测度指标上存在职称差异，在科研生产力的部分测度指标上存在学科、职称差异。在男性组中，跨学科研究管理体制、运行机制、评价机制在跨学科组织合理性、跨学科组织与产业界联系和科研生产力的关系中发挥的中介效应更为显著。在跨学科组织合理性、跨学科组织与产业界联系、跨学科研究管理体制、运行机制、评价机制的共同作用下，对科研生产力产生负向影响背后的形成机制可能与学科、职称有关。

第5章 内部协同视域下高校科研生产力提升的作用机理

表 5-40 不同职称的异质性影响

变量	副高级及以上							中级及以下						
	MI	OI	EI		RP			MI	OI	EI		RP	
	模型1	模型2	模型3	模型4	模型5	模型6		模型1	模型2	模型3	模型4	模型5	模型6
TI	0.187***	−0.008	0.170**	0.219***		0.100*		0.149	0.477***	−0.042	0.071		−0.041
II	0.366***	0.338***	0.108*	0.174***		−0.016		0.026	0.188**	0.356***	0.175		0.116
MI					0.201***	0.191***						0.116	0.108
OI					0.187***	0.196***						0.217**	0.205
EI					0.514***	0.500***						0.089	0.050
F值	22.658***	15.459***	4.711**	9.375***	42.107***	26.185***		1.150	19.826***	6.314***	1.957	2.048	1.431
R^2	0.159	0.115	0.038	0.073	0.347	0.357		0.025	0.303	0.122	0.041	0.064	0.075
调整的 R^2	0.152	0.107	0.030	0.065	0.338	0.343		0.003	0.288	0.103	0.020	0.033	0.023

*、**、*** 分别表示在10%、5%和1%的水平上显著

5.5.6 结论与讨论

通过理论研究与实证分析,本书研究结论如下。第一,跨学科组织的两个子维度即跨学科组织合理性及其与产业界的联系,对跨学科研究绩效即科研生产力均产生显著的正向影响。这一结论与国内外研究的主流观点相吻合,即组织结构的先进性与合理性对组织经营活动的效率和竞争能力的强弱产生直接影响;这一结论同时也为学术上越成功的学者更愿意参与产学合作(Azoulay,Ding & Stuart,2007;Calderini,Franzoni & Vezzulli,2007)这一论断提供了理论支撑。第二,跨学科组织的两个子维度即跨学科组织合理性及其与产业界的联系,对跨学科研究管理体制、运行机制和评价机制均产生显著的正向影响。比较而言,跨学科组织和产业界的联系对跨学科研究管理体制、运行机制和评价机制的正向影响更为显著,尤其对跨学科研究管理体制和运行机制的促进作用甚为明显。第三,跨学科研究管理体制、运行机制及评价机制在"跨学科组织—科研生产力"关系中均存在完全的中介效应。比较而言,跨学科研究管理体制、运行机制和评价机制在跨学科组织和产业界的联系与科研生产力关系间发挥出的中介作用比其在跨学科组织合理性与科研生产力关系间的中介作用更为显著。第二和第三的研究结论正如李志峰、高慧、张忠家(2014)所言,通过他组织和自组织协调发展,构建一支优秀的跨学科科研队伍,在知识生产日益强调面向国家和工业界需要的科研时代话语情境下,实现学术研究与产业发展的联动,形成知识系统不断渗透与融合的科研管理体制与运行机制,使其科学研究产生的知识效用成为评判科研的重要标准,从而打造科研品牌,形成高校核心竞争力。与跨学科研究管理体制与运行机制相比,跨学科组织和产业界的联系对跨学科研究评价机制的促进作用较小,这一结论为迫于职称晋升压力的科研人员在现有的评议氛围下开展产学合作工作顾虑重重提供了理论依据。

本书的异质性检验显示,在跨学科研究运行机制的部分测度指标上存在性别、学科差异,在跨学科研究评价机制的部分测度指标上存在学科差异,在跨学科研究管理体制的部分测度指标上存在职称差异,在科研生产力的部分测度指标上存在学科、职称差异。在男性组中,跨学科研究管理体制、运行机制、评价机制在跨学科组织合理性、跨学科组织与产业界联系和科研生产力的关系中发挥的中介效应更为显著。在跨学科组织合理性、跨学科组织与产业界联系、跨学科研究管理体制、运行机制、评价机制的共同作用下,对科研生产力产生负向影响背后的形成机制可能与学科、职称有关。

本书的理论贡献在于：提出了跨学科研究协同创新机理的理论架构，基于高校跨学科组织的实证分析揭示出了跨学科研究的协同创新路径，不仅拓展了跨学科研究的分析视角，而且在微观层面上为高校开展跨学科研究、提升科研生产力提供了决策依据。本书的实践启示体现在以下几个方面。首先，高校跨学科组织促进跨学科研究、提升研究绩效必须构建合理的跨学科组织。跨学科组织是开展跨学科研究的载体，其合理性决定着组织内部知识是否可以实现优势互补从而乘势聚力协同创新。其次，高校跨学科组织应加强与产业界的联系，构建创新驱动之合力。促进高校跨学科组织的跨学科研究，提升科研生产力，是实施创新驱动发展战略的应有之义，在通过与产业界联系的过程中，可以利用一些社会关系提高内外知识利用率和优化高校跨学科组织内部的体制机制，进一步丰富创新团队的内部知识基础和提升管理效益，从而提高跨学科研究绩效。再次，跨学科研究管理体制、运行机制和评价机制在"跨学科组织—科研生产力"关系中存在完全中介效应表明，在开展跨学科研究的过程中，需要优化与创新跨学科研究管理体制、运行机制和评价机制，加强其中介作用，高校跨学科组织才能更好地释放活力，与异质性组织如产业界共享合作网络中的各类知识资源，提升科研生产力。最后，高校跨学科组织在优化与创新跨学科研究管理体制、运行机制和评价机制的同时，要采取有效举措减少特定研究人员群体与产业界联系对科研生产力所产生的负向影响（陈艾华、吴伟、王卫彬，2018）。

5.6 本章小结

高校跨学科组织是开展跨学科研究进行原始创新的重要载体，在国家创新体系中发挥着重要作用。本章展开了较为深入的理论分析和较为系统的实证研究工作，其主要研究结果体现在以下几个方面。第一，通过对跨学科研究与高校跨学科组织科研生产力演化的关系分析发现，跨学科组织合理性公共因子主要与职称结构合理性、学历层次结构合理性、学科结构合理性、年龄结构合理性等因子相关；跨学科组织与产业界的联系公共因子与满足产业界的需求、吸引产业界加入、与产业界合作研究、接受产业界的研究建议等因子相关；跨学科研究运行机制公共因子主要与明确的跨学科研究主题、围绕现实问题开展跨学科研究、跨学科研究成员之间进行有效沟通、大力培养跨学科人才、合理分配跨学科研究经费等因子相关；跨学科研究管理体制公共因子主要与建立跨学科学术委员会、委员会领导下的主任负责制、在学校层面设立跨学科研究专项基金等因子相关；跨学科研究评价机制公共因子主要与建立健全的跨学科学术评价制度、评价时鼓励团队协作、承认在其他学科出版物上发表的成果等因子相关，它们皆对高校跨学科组织科研生产力演化有正向促进作用。第二，通过对跨学科研究环境下高校跨学科组织科研生产力演化轨迹进行探究发现，跨学科研究环境下高校跨学科组织科研生产力演化经历了多学科、复杂学科、交叉学科和横断学科等几个阶段。多学科下的科研生产力是低层次的；复杂学科下的科研生产力具有较强的整合性，但是这种整合通常限定在比较接近的学科之间，还未实现真正意义上的学科整合；交叉学科下的科研生产力呈现出独立学科的特征，这一独立学科是两种或两种以上单一学科整合后的结晶，因此交叉学科下的科研生产力具有学科整合性，其所显示出的力量具有强大的创新性。与其他几种科研生产力相比，横断学科下的科研生产力是整合性最广的一种科研生产力，这种科研生产力有着最为强大的创新能力。跨学科研究环境下高校跨学科组织科研生产力演化呈现出日益显著的异质性、日益复杂的整合性、更为强大的创新性等特征。第三，通过对跨学科研究环境下高校跨学科组织科研生产力影响机制的研究表明，跨学科组织的两个子维度即跨学科组织合理性及其与产业界的联系，对跨学科研究绩效即科研生产力均产生显著的正向影响；跨学科组织的两个子维度即跨学科组织合理性及其和产业界的联系，对跨学科研究管理体制、运行机制和评价机制均产生显著的正向影响，比较而言，跨学科组织和产业界的联系对跨学科研究管理体制、运行机制和评价机制的正向影响更为显著，尤其对跨学科研究管理体制和运行机制的促进作用甚为明显；跨学科研究管理体制、运行机制及评价机制在"跨学科组织—科研生产力"关系中均存在完全的中介效应。比较而言，跨学科研究管理体制、运行机制和评价机制在跨学科组织和产业界的联系与科研生产力关系间发挥出的中介作用比其在跨学科组织合理性与科研生产力关系间的中介作用更为显著。第四，在运行机制的部分测度指标上存在性别、学科差异，在评价机制的部分测度指标上存在学科差异，在管理体制的部分测度指标上存在职称差异，在科研生产力的部分测度指标上存在学科、职称差异。在男性组中，跨学科研究管理体制、运行机制、评价机制在跨学科组织合理性、跨学科组织与产业界联系和科研生产力的关系中发挥的中介效应更为显著。

第 5 章　内部协同视域下高校科研生产力提升的作用机理

在跨学科组织合理性、跨学科组织与产业界联系、跨学科研究管理体制、运行机制、评价机制的共同作用下,对科研生产力产生负向影响背后的形成机制可能与学科、职称有关。

第 6 章　外部协同视域下高校科研生产力提升的作用机理

　　党的二十大报告指出,加快实施创新驱动发展战略,增强自主创新能力,把我国建设成为综合国力和国际影响力领先的社会主义现代化强国。高校拥有学科资源、知识人才和科研基础优势,大力发展高校科研生产力,是增强国家自主创新能力的应有之义。

　　尽管学者们在产学研协同创新研究议题上取得了丰硕的成果,但目前绝大多数研究仍停留在企业分析层面,如何发挥产学研协同效应反哺高校科研生产力发展问题仍未得到有效关注(杨小婉、朱桂龙、吕凤雯等,2021)。产学研协同存在异质性协同和同质性协同,异质性协同决定着"门当户对"的协同关系,而同质性协同决定着"两情相悦"的协同关系(马文聪、叶阳平、徐梦丹等,2018),伙伴错配会导致产学研各方不能发挥资源能力的协同效应,不利于知识共享和知识创造(吴慧、顾晓敏,2017),从而影响高校科研生产力。

　　基于此,本章试图从外部协同视域剖析以下研究问题:产学研协同与高校科研生产力演化之间存在怎样的关系?产学研协同创新环境下高校科研生产力演化轨迹是怎样的?知识获取能力和知识增殖能力以及资源投入在产学研协同与高校科研生产力两者之间的关系中扮演什么角色?本章不仅拓展了产学研协同创新领域的研究边界,而且探究了产学研协同中"门当户对"和"两情相悦"影响高校科研生产力的作用机制与内在规律,对科技创新背景下高校科研生产力高质量发展具有重要的理论与现实意义。

第 6 章　外部协同视域下高校科研生产力提升的作用机理

6.1　产学研协同创新与高校科研生产力演化的关系分析

合作有助于思想和知识的交叉融合，并能够结合不同的创新能力，创造出新颖和有用的东西(Wang,2016;Lee,Walsh & Wang,2015)。作为重要的外部合作伙伴，高校为企业和研究机构提供科技创新的知识流(González-Pernía,Parrilli & Peña-Legazkue,2015)。良好的产学研合作不仅能促进企业和研究机构创新能力的提高和自主创新发展，而且有助于实现高校的组织目标。许多研究探讨了产学研合作与高校学术创新绩效之间的联系(D'Este,Tang,Mahdi et al.,2013;Wang,2016;Lin,2017)。然而，关于产学研协同创新是否有利于高校科研生产力的发展，现有的研究结论相互冲突，这表明相关研究是亟须继续深入探讨的议题。

6.1.1　样本和数据收集

由于浙江省在产学研协同创新方面取得了较为显著的成果，因此以浙江高校为调查对象，主要针对浙江高校中的关键信息者，即从浙江高校内真正开展产学研合作的人员中选择样本。通过问卷星、电子邮件、委托他人、利用参会或访谈之机等多种渠道发放与收集问卷数据。先后向浙江大学、浙江工商大学、杭州师范大学、浙江工业大学、浙江理工大学、浙江财经大学、浙江农林大学、杭州电子科技大学、中国计量大学、宁波大学、中国美术学院、温州医科大学、温州大学、浙江中医药大学、浙江海洋大学、嘉兴学院、浙江科技大学等高校发放了调查问卷，并允许同一所高校中有若干人员填写问卷。共收集问卷 302 份，剔除掉问卷填写不够完整、所有题项答案几乎完全一致的无效问卷 79 份后，获得有效问卷 223 份。

调查问卷分为四个部分：第一部分为填表说明，第二部分为产学研协同创新情况，包括产学研协同、知识创造、资源投入等 7 级 Likert 量表，第三部分为高校科研生产力的 7 级 Likert 量表，第四部分为高校基本信息。

6.1.2　指标构建

1. 科研生产力

如前所述，参考 Liu(2008)、Lanjouw 和 Schankerman(2004)、Rice 和

Sorcinelli(2002)、Yu(2008)等学者的观点,结合深度访谈中的专家意见,采用论文、专著、专利等四个指标对科研生产力进行测度。

2. 产学研协同

借鉴马文聪等(2018)、Cummings 和 Holmberg(2012)、Das 和 He(2006)、Jemison 和 Sitkin(1986)、罗琳、魏奇锋、顾新(2017)等学者的观点,结合深度访谈中的专家意见,从创新资源、知识结构、创新能力等六个指标对产学研协同进行测度。

由于高校类别、高校的地理区域可能会对高校科研生产力产生影响,本书的选取了高校类别以及高校的地理区域等作为控制变量。

6.1.3 描述性统计分析

在回收的调查问卷中,科研人员所在组织带头人的学术地位分布情况如图 6-1 所示:领军人才为 18 人,占比 8.1%;学科带头人为 102 人,占比 45.7%;学术骨干为 38 人,占比 17%;一般研究人员为 65 人,占比 29.1%。

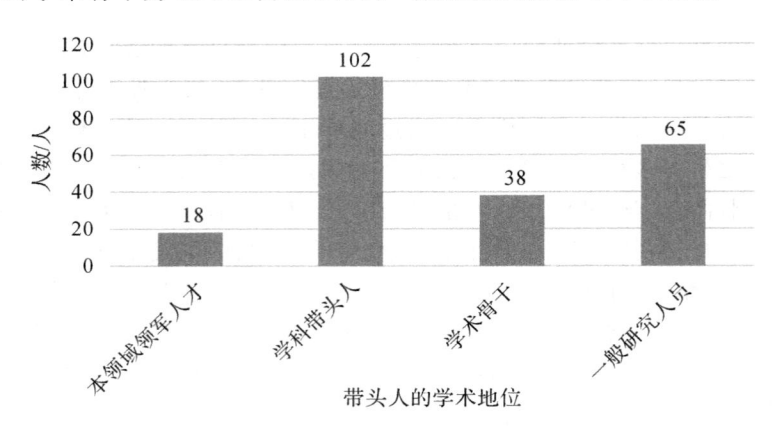

图 6-1 所在组织带头人的学术地位分布

学科分布情况如图 6-2 所示:经济学为 19 人,占比 8.5%;法学为 92 人,占比41.3%;教育学为 10 人,占比 4.5%;文学为 9 人,占比 4.0%;理学为 10 人,占比 4.5%;工学为 28 人,占比 12.6%;医学为 7 人,占比 3.1%;管理学为 26 人,占比 11.7%;交叉学科为 22 人,占比 9.9%。

高校类别分布情况如图 6-3 所示:在被调查的科研人员中,来自省重点建设高校(含浙江大学)的科研人员为 113 人,占比 50.7%;来自非省重点建设

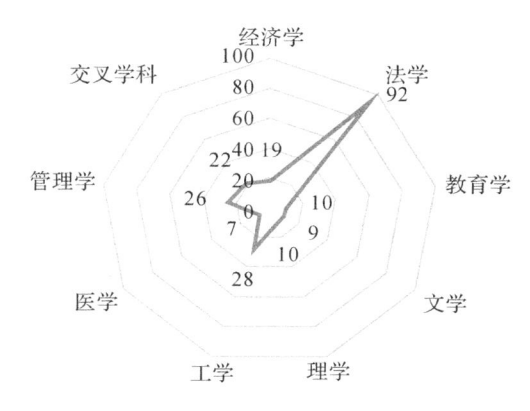

图 6-2　学科分布

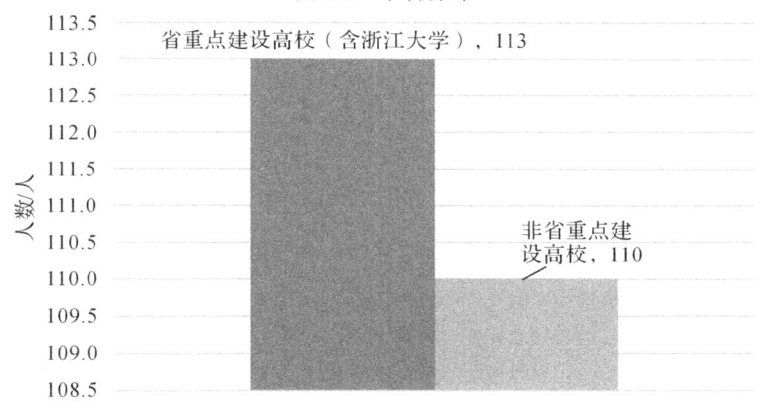

图 6-3　高校类别分布

高校的科研人员为 110 人,占比 49.3%。

被调查的科研人员所属高校的地理区域分布情况如图 6-4 所示:来自杭州地区高校的科研人员为 164 人,占比 73.5%;来自非杭州地区高校的科研人员为 59 人,占比 26.5%。

高校与企业、科研机构互动形式如图 6-5 所示:提供特别意见和建议为 9 人,占比 4.0%;专家培训为 3 人,占比 1.3%;合作发表为 9 人,占比 4.0%;学生实习或就业等人员往来为 10 人,占比 4.5%;技术或专利许可为 8 人,占比 3.6%;专利或技术转让为 8 人,占比 3.6%;技术服务或专题报告为 6 人,占比 2.7%;委托技术开发为 8 人,占比 3.6%;合作研发为 162 人,占比 72.6%。从图 6-5 中可以看出,合作研发为高校与企业、科研机构互动的最主要形式。

图 6-4　高校地理区域分布

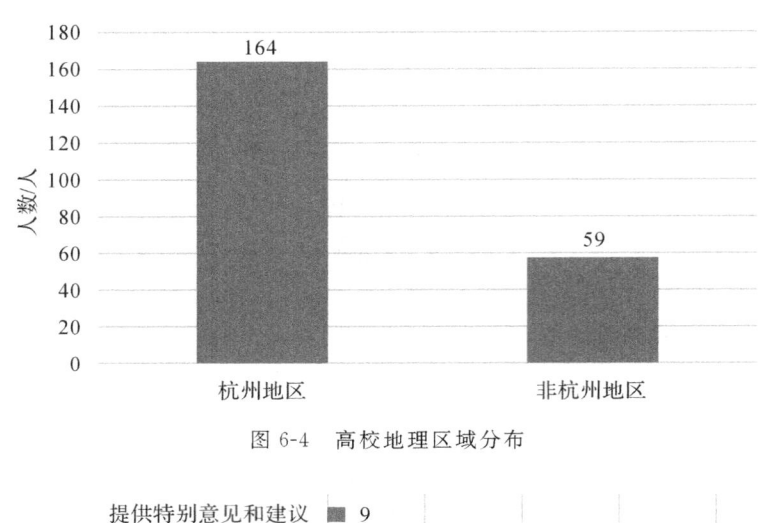

图 6-5　高校与企业、科研机构互动形式

表 6-1 和表 6-2 分别给出了高校通过产学研合作，其科研生产力测量指标的均值、标准差、最小值、最大值、众数和频次分布。

表 6-1　高校科研生产力初步描述性统计

题项标签	N	众数	最小值	最大值	均值	标准差
发表了较多高水平论文	223	5	3	7	5.33	0.928
出版了较多具有影响力的专著	223	5	3	7	4.90	0.960
申请了很多新的专利	223	5	3	7	5.05	0.897
获得了较多的省部级及以上奖项	223	5	3	7	5.12	0.841

表 6-2　高校科研生产力测量指标的频次分布

题项标签	统计类别	1	2	3	4	5	6	7
发表了较多高水平论文	频次	0	0	11	18	101	73	20
	百分比/%	0.0	0.0	4.9	8.1	45.3	32.7	9.0
出版了较多具有影响力的专著	频次	0	0	15	66	73	65	4
	百分比/%	0.0	0.0	6.7	29.6	32.7	29.1	1.8
申请了很多新的专利	频次	0	0	4	63	83	64	9
	百分比/%	0.0	0.0	1.8	28.3	37.2	28.7	4.0
获得了较多的省部级及以上奖项	频次	0	0	1	57	87	71	7
	百分比/%	0	0.0	0.4	25.6	39.0	31.8	3.1

从表 6-1 的初步描述性统计中可以看出，高校科研生产力中三个测量指标的均值都超过了 5，最高甚至达到 5.33，初步表明样本组织整体上的科研生产力是较高的。

从表 6-1 和表 6-2 的频次分布中可以看出，发表高水平的论文、出版有影响力的专著、申请新的专利以及获得省部级及以上奖项这四项指标的评价值的众数都为 5（样本数占总样本数百分比分别为 45.3%、32.7%、37.2% 和 39.0%）。大部分样本的四个指标的评价值都集中在 6 和 5（样本数占总样本数百分比分别为 78.0%、61.8%、65.9%、70.8%），并且这四项测度指标的标准差均较小（均小于 1），说明样本组织差异较小，评价结果的一致性较好。

6.1.4　变量测度的信效度检验

1. 信度分析

从表 6-3 中可见，科研生产力测量题项的一致性系数 Cronbach's α 值为 0.815，CITC 值均大于 0.35，且表中删除各观测变量后的 α 值（0.699，0.778，0.809，0.773）均比原量表的 α 值小，说明科研生产力的量表具有较高的信度。

表 6-3　科研生产力的信度分析结果

题项标签	CITC 系数	删除该题项后的 α 值	Cronbach's α 值
发表了较多高水平论文	0.770	0.699	0.815
出版了较多具有影响力的专著	0.614	0.778	
申请了很多新的专利	0.541	0.809	
获得了较多的省部级及以上奖项	0.624	0.773	

从表 6-4 中可见,产学研协同中的异质性协同 Cronbach's α 值为 0.730,CITC 值均大于 0.35,且表中删除各观测变量后的 α 值(0.671,0.717,0.516)均小于原量表的 α 值,说明产学研协同中异质性协同的量表具有较高的信度。

表 6-4　异质性协同的信度分析结果

题项标签	CITC 系数	删除该题项后的 α 值	Cronbach's α 值
所贡献的创新资源是彼此需要的	0.533	0.671	0.730
在知识结构上是互补的	0.487	0.717	
创新能力是相当的	0.652	0.516	

从表 6-5 中可见,产学研协同中的同质性协同 Cronbach's α 值为 0.807,接近于 0.7,CITC 值均大于 0.35;且表中删除各观测变量后的 α 值(0.755,0.693,0.757)均小于原量表的 α 值,说明产学研协同中同质性协同的量表信度在可接受的范围之内。

表 6-5　同质性协同的信度分析结果

题项标签	CITC 系数	删除该题项后的 α 值	Cronbach's α 值
目标是相互支持的	0.636	0.755	0.807
追求的是长期发展的价值观	0.695	0.693	
能够相互理解彼此的行为方式	0.634	0.757	

从表 6-6 中可见,产学研协同题项的一致性系数 Cronbach's α 值为 0.763,CITC 最小值为 0.451,大于 0.35 的最低标准;且表中删除各观测变量后的 α 值(0.738,0.735,0.694,0.722,0.738,0.742)都比原量表的 α 值小,说明产学研协同的量表具有较高的信度。

表 6-6 产学研协同的信度分析结果

题项标签	CITC 系数	删除该题项后的 α 值	Cronbach's α 值
所贡献的创新资源是彼此需要的	0.475	0.738	0.763
在知识结构上是互补的	0.480	0.735	
创新能力是相当的	0.627	0.694	
目标是相互支持的	0.532	0.722	
追求的是长期发展的价值观	0.471	0.738	
能够相互理解彼此的行为方式	0.451	0.742	

2. 效度检验

本书的量表测度变量指标均基于文献研究,通过深度访谈、专家咨询、试调研等方法对问卷进行修改而成。量表基于概括前人研究成果,并嵌入产学研协同创新情境要素,以保证变量测度在一定程度上具有内容效度。由于本书量表中所涉及的变量非硬性指标,需要答卷者依据自身认知来加以判断,因此需要采用实证检验以验证效标关联效度。

对高校科研生产力所包含的 4 个题项采用因子分析进行分析,结果如表 6-7 所示,KMO 值为 0.759。因子分析结果如表 6-8 所示,只有一个因子被识别出来,命名为科研生产力因子,因子的特征根累积解释了总体方差的 64.592%(见表 6-9),表明因子分析结果可以接受。

表 6-7 高校科研生产力 KMO 和 Bartlett's 球体检验结果

	KMO 值	0.759
Bartlett 球体检验	卡方值	323.407
	自由度	6
	显著性概率	0.000

表 6-8 高校科研生产力因子分析结果

题项标签	因子负荷系数
发表了较多高水平论文	0.894
出版了较多具有影响力的专著	0.787
申请了很多新的专利	0.724
获得了较多的省部级及以上奖项	0.800

表 6-9　高校科研生产力因子分析方差解释

因子编号	原始特征根			提取负载的平方和		
	值	所占方差的比例/%	所占方差的累积比例/%	值	所占方差的比例/%	所占方差的累积比例/%
1	2.584	64.592	64.592	2.584	64.592	64.592
2	0.619	15.472	80.065			
3	0.523	13.064	93.129			
4	0.275	6.871	100.000			

利用因子分析对产学研协同所包含的题项进行分析,结果如表6-10所示,KMO值为0.754。因子分析结果如表6-11所示,有两个因子被识别出来,公共因子1被命名为异质性协同因子,公共因子2被命名为同质性协同因子。同时,因子的特征根累积解释了总体方差的63.573%(见表6-12),表明因子分析结果可以接受。

表 6-10　产学研协同 KMO 和 Bartlett's 球体检验结果

KMO 值		0.754
Bartlett 球体检验	卡方值	326.903
	自由度	15
	显著性概率	0.000

表 6-11　产学研协同因子分析结果

题项标签	因子负荷系数	
	1	2
所贡献的创新资源是彼此需要的	0.811	0.099
在知识结构上是互补的	0.718	0.198
创新能力是相当的	0.817	0.277
目标是相互支持的	0.185	0.819
追求的是长期发展的价值观	0.151	0.779
能够相互理解彼此的行为方式	0.195	0.690

第 6 章 外部协同视域下高校科研生产力提升的作用机理

表 6-12 产学研协同因子分析方差解释

因子编号	原始特征根			旋转负载的平方和		
	值	所占方差的比例/%	所占方差的累积比例/%	值	所占方差的比例/%	所占方差的累积比例/%
1	2.760	45.998	45.998	1.936	32.261	32.261
2	1.055	17.575	63.573	1.879	31.312	63.573
3	0.779	12.982	76.556			
4	0.557	9.291	85.847			
5	0.472	7.862	93.709			
6	0.377	6.291	100.000			

6.1.5 产学研协同创新与高校科研生产力演化的关系

1. 相关分析

理论研究与访谈分析表明,产学研协同有助于高校科研生产力的演化。本书在理论研究的基础上,利用因子分析值对产学研协同与高校科研生产力演化的关系进行了实证研究。从表 6-13 中可见,由于是采用因子分析值进行相关分析,因此产学研协同中的两个维度并不相关,而产学研协同中的异质性协同以及同质性协同与高校科研生产力有正向且非常显著的相关系数。

表 6-13 各变量的相关系数

变量	YX	TX	GL	GD	KS
YX	1				
TX	0.000	1			
GL	−0.034	−0.017	1		
GD	0.141*	−0.145*	−0.355**	1	
KS	0.463**	0.318**	−0.189**	−0.016	1

YX、TX、KS、GL、GD 分别表示异质性协同、同质性协同、科研生产力、高校类别、高校的地理区域,下同

*,**,*** 分别表示在 5%、1% 和 0.1% 的水平上显著(双尾检验)

2. 实证结果

结合理论分析,通过对浙江高校的大样本调研,经问卷设计、数据收集,运

用因子分析方法，以223份问卷为样本对产学研协同与高校科研生产力演化的关系进行验证。

本书的研究采用强行进入的方法让各因子一次性全部进入回归方程，结果如表6-14所示，本书回归模型的Toli值和VIF值都近似等于1，说明本书的回归模型不存在多重共线性问题。

表6-14 回归系数与显著性检验表

模型		标准化回归系数	t	显著性概率	共线性检验	
					容许度	膨胀因子
1	常数		3.601	0.000		
	异质性协同	0.471	8.571***	0.000	0.979	1.021
	同质性协同	0.298	5.390***	0.000	0.973	1.028
	高校类别	-0.209	-3.571***	0.000	0.869	1.151
	高校地理区域	-0.113	-1.901	0.059	0.834	1.199

a. 因变量：科研生产力

*、**、*** 分别表示在5%、1%和0.1%的水平上显著（双尾检验）

由于本书的样本数据是截面数据，因此出现序列相关问题的可能性比较小。DW取值范围介于0—4，其值越接近2，表明存在序列相关的可能性越小。如表6-15所示，模型中DW值为1.956，接近于2，表明在本书中不存在不同编号样本值之间的序列相关问题。

表6-15 回归拟合过程小结

模型	R	R^2	调整后R^2	Durbin-Watson值
1	0.595a	0.354	0.342	1.956

a. 因变量：科研生产力
b. 预测变量：(常量)、高校地理区域、高校类别、异质性协同、同质性协同

在本书的研究中，以回归模型的标准化预测为横轴、标准化残差为纵轴进行残差项的散点图分析，如图6-6所示，散点图呈现无序状态，表明本书研究中回归模型不存在异方差问题。

本书将经过因子分析得出的两个因子值进行回归分析，并采用强制回归的方法得出回归方程。如表6-14所示，在回归模型中，常数项的显著性概率为0.000，表明常数项系数显著异于0，故应出现在回归方程中。在回归模型中，产学研协同中的异质性协同标准化回归系数为0.471，且自变量显著性水

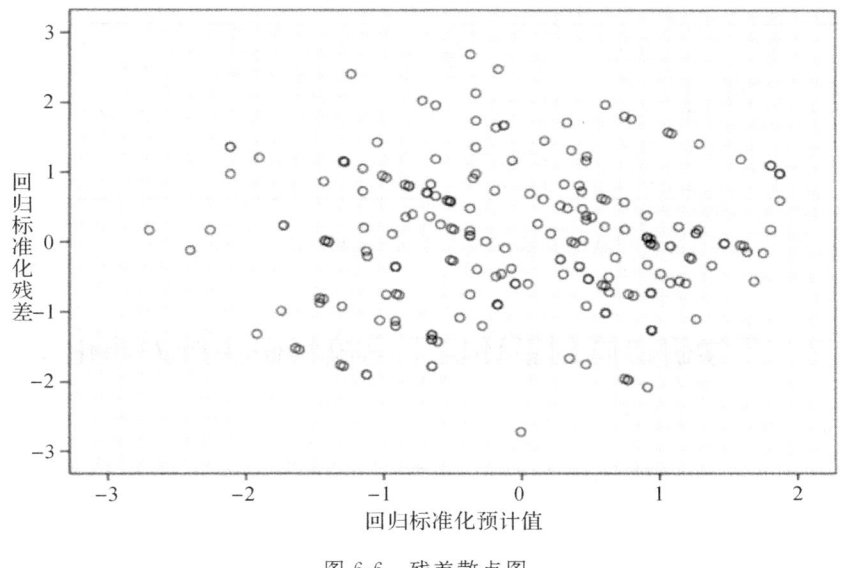

图 6-6 残差散点图

平小于0.001,这一结果表明产学研协同中的异质性协同对高校科研生产力有极显著的正向影响,表明回归方程中应包括该变量所涉及的指标体系。在回归模型中,产学研协同中的同质性协同标准化回归系数为0.298,且自变量显著性水平小于0.001,这一结果表明产学研协同中的同质性协同对高校科研生产力有极显著的正向影响,表明回归方程中应包括该变量所涉及的指标体系。在回归模型中,高校类别标准化回归系数为−0.209,且自变量显著性水平小于0.001,这一结果表明高校类别对高校科研生产力有极显著的正向影响,因此回归方程中应包括该变量。在回归模型中,高校地理区域标准化回归系数为−0.113,且自变量显著性水平大于0.05,这一结果表明高校地理区域对高校科研生产力没有显著影响,因此回归方程中不应包括该变量。

同时,如表6-16所示,模型在统计上是显著的($F=29.844, p<0.001$),表明上述统计结果具有一定的稳定性,因此最终的回归方程应包含这两个自变量,而且方程拟合效果很好。

表 6-16　回归模型的方差分析

模型		平方和	自由度	方差	F	显著性概率
1	回归项	78.551	4	19.638	29.844	0.000[b]
	残差项	143.449	218	0.658		
	总计	222.000	222			

a. 因变量:科研生产力
b. 预测变量:(常量)、高校地理区域、高校类别、异质性协同、同质性协同

6.2　产学研协同创新环境下高校科研生产力演化轨迹

6.2.1　产学研协同创新环境下高校科研生产力演化模型构建

高校服务社会的使命使得高校与产业、研究机构之间的边界日益模糊,作为供给方,高校为需求方提供其所需的创新资源的同时,也有利于高校自身组织目标的实现。

产学研协同创新环境下高校科研生产力演化模型包含着三个主体(高校、研究机构与企业、协同创新平台),存在四个阶段(研究问题模块化处理、基于模块化问题的科技活动、学科知识的匹配和交叉、知识吸收和利用)、四个知识转化过程(组织隐性知识—组织显性知识—组织显性知识—组织隐性知识)(见图 6-7)。

6.2.2　产学研协同创新环境下高校科研生产力演化阶段

产学研协同创新环境下高校科研生产力演化存在四个阶段。第一阶段,研究问题模块化处理。企业和研究机构基于内部研发能力,按照模块化、标准化、适合高校研究为原则细分研究问题。第二阶段,高校根据企业以及研究机构报价决策参与研究,即参与基于研究问题的科技活动。第三阶段,产学研协同创新平台实现科研成果优选和知识交叉匹配。第四阶段,吸收利用研发成果。通过全自动接口或人机交互接口完成最佳提升方案。四个阶段拥有一个共同目标,即完成科技创新过程的链接,实现科技创新。对高校而言,在实现共同目标即科技创新的同时,也即提升自身的科研生产力(见图 6-8)。

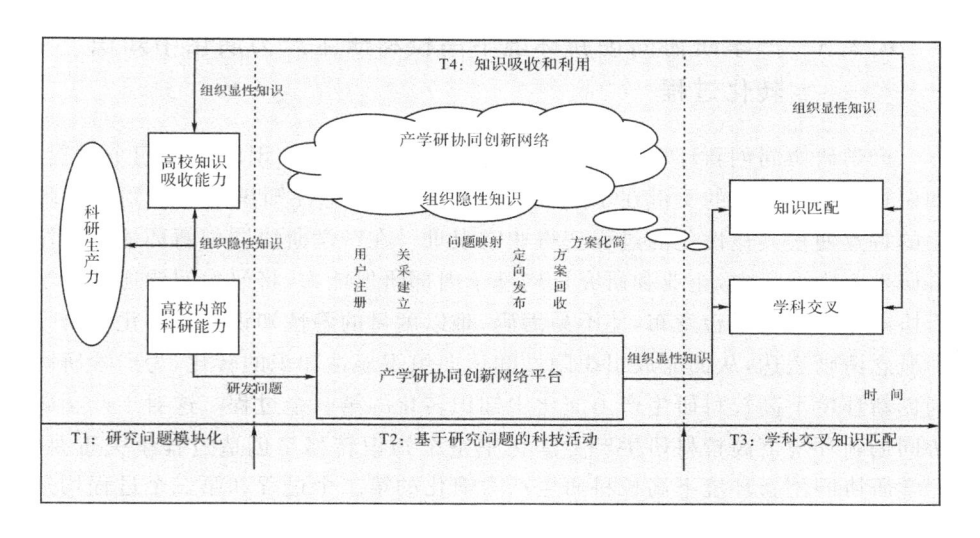

第 6 章 外部协同视域下高校科研生产力提升的作用机理

图 6-7 产学研协同创新环境下高校科研生产力演化模型

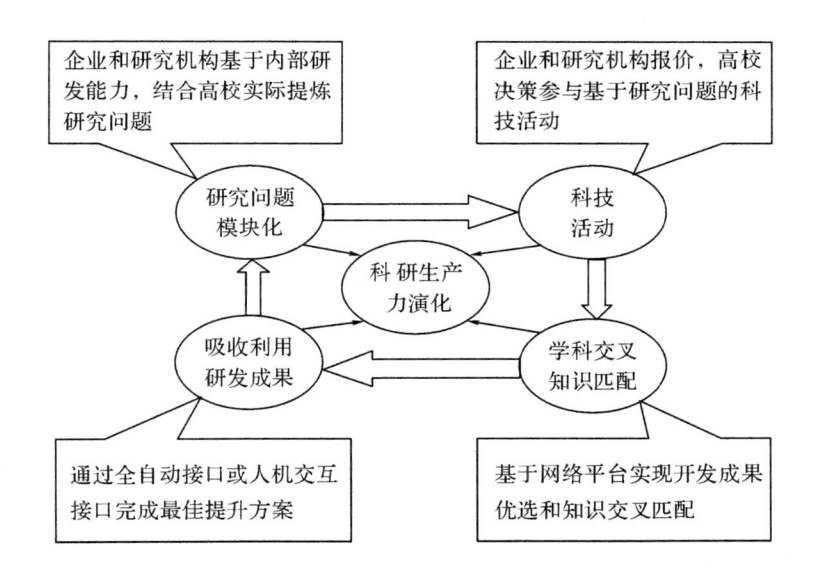

图 6-8 产学研协同创新环境下高校科研生产力演化阶段

6.2.3 产学研协同创新环境下高校科研生产力演化中知识转化过程

产学研协同创新环境下高校科研生产力演化具有知识转化的四个过程。知识管理取得成功的关键在于隐性知识的显性化，隐性知识难以规划和明晰化的特点使得其显性化的过程变得非常艰难。在产学研协同创新环境下高校科研生产力演化中，企业和研究机构基于内部研发能力，将研发问题通过产学研协同创新网络平台发布，使不易编码、难以度量的隐性知识用显性化的语言和概念清晰表达，从而完成组织隐性知识向组织显性知识的转化，为产学研协同创新环境下高校科研生产力演化中知识转化的第一个过程。这对于产学研协同创新环境下高校科研生产力演化中整个知识转移与创造过程至关重要。产学研协同创新环境下高校科研生产力演化的第二个过程和第三个过程均是组织显性知识向组织显性知识转化。这一转化过程重点强调产学研信息采集、组织、管理、分析和传播，是建立利用知识体系的过程。通过产学研综合化过程，产生系统化知识。产学研协同创新环境下高校科研生产力演化中知识转化的第四个过程为知识的内在化。高校基于自身的知识吸收能力，将经过不断实践与灵活运用的显性知识吸收、消化，使显性知识融入高校组织的文化、理念和价值观中。这一知识转化过程可以使隐性知识系统得以拓宽、延伸和重构，因而更具创意性，从而促进高校科研生产力演化。

6.3 产学研协同创新环境下高校科研生产力影响机制研究

目前，协同创新研究侧重于宏观的创新系统理论、中观的三重螺旋理论和微观的开放式创新理论等三种不同视角的研究，对产学研协同创新对科研生产力作用的机制研究不足。原有的科研生产力研究几乎没有将其放在产学研协同创新模式下考虑，也很少将产学研协同创新作为一种促进科研生产力提升的途径来系统思索，更没有在产学研协同创新模式下剖析科研生产力的作用机制。关于产学研协同创新如何促进高校科研生产力提升的问题，充其量只能得到部分答案，这需要进一步的研究来更好地了解产学研伙伴关系如何影响组织在刺激成功创新方面所做的努力（González-Pernía, Parrilli & Peña-

Legazkue,2015)。产学研互动过程和知识创新合作能力等领域被认为是备受关注的研究课题(Skute,Zalewska-Kurek,Hatak et al.,2019)。

我国高校数量众多,其科研生产力将影响我国经济社会发展,影响创新型国家建设的实现。我国高校科研生产力整体水平还有待提升,通过加速高校科研生产力提升,从而提高高校核心竞争力至关重要。科研活动的复杂化和合作化程度愈益增强,要求我国高校进行产学研协同创新,激发高校产学研协同创新潜能。只有有效利用和整合内外部资源,才能更为有效地提升高校科研生产力,促进高校产学研协同创新,更好地应对科研的复杂化所带来的挑战,在经济社会发展和创新型国家建设中稳定发挥更大的作用。

产学研协同创新赋予我国高校极好的机会,可以集成全国甚至全球优势资源提升科研生产力和竞争能力。但是,产学研协同创新模式只是为高校提供了机会,并不意味着我国所有高校都能够在产学研协同创新环境中获得同样有意义的发展。只有全面了解产学研协同创新环境下高校科研生产力作用机制,才能制定科学的战略和策略,充分整合校内外优势研究资源,有效地管理产学研协同创新,促进科研生产力的发展。因此,产学研协同创新对科研生产力的作用机制研究是实践的要求,本研究有助于更科学有效地进行产学研协同创新,提升科研生产力。

6.3.1 指标构建

关于科研生产力、产学研协同等的指标构建,在前面已作过阐述,在此不再赘述。以下仅对涉及的新指标进行构建。

1. 知识创新能力

参考 Lane 等(2001)、Cohen 和 Levinthal(1990)、Szulanski(1996)、朱朝晖、陈劲、陈钰芬(2009)、Popper 和 Lipshitz(1998)等学者的观点,结合深度访谈中的专家意见,采用搜索能力、评估和鉴别能力、改进外部知识能力、拥有成熟的流程和机制鼓励对从企业和科研机构获取的新知识进行运用、擅长对学校已有知识进行改进和深入挖掘、擅于基于新知识的导入来优化组织流程和机制等六个指标对知识创新能力进行测度。

2. 资源投入

借鉴党兴华、李玲、张巍(2010)、薛卫等(2010)、秦玮、徐飞(2011)、董美玲(2012)等学者的观点,结合深度访谈中的专家意见,采用将大部分的时间和精力投入产学研合作、将更多的经费投入产学研合作、经常与合作企业和科研机构进行知识和信息的交流等四个指标对资源投入进行测度。

6.3.2 信度与效度检验

1. 信度检验

从表 6-17 中可见,知识创新能力中的知识获取能力 Cronbach's α 值为 0.930,CITC 均大于 0.35,且表中删除各观测变量后的 α 值(0.925,0.920,0.854)均小于原量表的 α 值,说明知识获取能力的量表具有较高的信度。

表 6-17　知识获取能力信度分析

题项标签	CITC 系数	删除该题项后的 α 值	Cronbach's α 值
对外部行业技术情报和竞争情报的搜索能力增强	0.866	0.925	0.930
对外部知识的价值进行评估和鉴别的能力增强	0.848	0.920	
改进外部知识使其更适合高校实际运营需要的能力增强	0.921	0.854	

从表 6-18 中可见,知识创新能力中的知识增殖能力 Cronbach's α 值为 0.856,CITC 值均大于 0.35,且表中删除各观测变量后的 α 值(0.778,0.843,0.772)均小于原量表的 α 值,说明知识增殖能力的量表具有较高的信度。

表 6-18　知识增殖能力信度分析

题项标签	CITC 系数	删除该题项后的 α 值	Cronbach's α 值
拥有成熟的流程和机制鼓励对从企业、科研机构获取的新知识进行运用	0.751	0.778	0.856
擅长对学校已有知识进行改进和深入挖掘	0.680	0.843	
擅于基于新知识的导入来优化组织流程和机制	0.757	0.772	

第6章 外部协同视域下高校科研生产力提升的作用机理

从表 6-19 中可见,资源投入 Cronbach's α 值为 0.884,CITC 均大于 0.35,且表中删除各观测变量后的 α 值(0.832,0.850,0.867,0.854)均小于原量表的 α 值,说明资源投入的量表具有较高的信度。

表 6-19 资源投入信度分析

题项标签	CITC 系数	删除该题项后的 α 值	Cronbach's α 值
将大部分的时间和精力投入产学研合作	0.797	0.832	0.884
将更多的经费投入产学研合作	0.751	0.850	
经常与合作企业、科研机构进行知识和信息的交流	0.706	0.867	
将实验设备更多地投入企业、科研机构合作技术开发	0.741	0.854	

2. 效度分析

利用因子分析对知识创新能力所包含的题项进行分析(见表 6-20),KMO 为 0.803,因子分析结果如表 6-21 所示,有两个因子被识别出来,公共因子 1 被命名为知识获取能力因子,公共因子 2 被命名为知识增殖能力因子。同时,因子的特征根累积解释了总体方差的 84.251%(见表 6-22),表明因子分析结果可以接受。

表 6-20 知识创新能力 KMO 和 Bartlett's 球体检验结果

KMO 值		0.803
Bartlett 球体检验	卡方值	1037.776
	自由度	15
	显著性概率	0.000

表 6-21 知识创新能力因子分析结果

题项标签	因子负荷系数	
	1	2
对外部行业技术情报和竞争情报的搜索能力增强	0.916	0.228
对外部知识的价值进行评估和鉴别的能力增强	0.880	0.295

续表

题项标签	因子负荷系数	
	1	2
改进外部知识使其更适合高校实际运营需要的能力增强	0.939	0.231
拥有成熟的流程和机制鼓励对从企业、科研机构获取的新知识进行运用	0.292	0.846
擅长对学校已有知识进行改进和深入挖掘	0.361	0.764
擅于基于新知识的导入来优化组织流程和机制	0.114	0.917

表 6-22　知识创新能力因子分析方差解释

因子编号	原始特征根			提取负载的平方和		
	值	所占方差的比例/%	所占方差的累积比例/%	值	所占方差的比例/%	所占方差的累积比例/%
1	3.855	64.245	64.245	2.723	45.381	45.381
2	1.200	20.005	84.251	2.332	38.869	84.251
3	0.400	6.670	90.921			
4	0.261	4.343	95.264			
5	0.187	3.111	98.375			
6	0.097	1.625	100.000			

对资源投入所包含的 4 个题项采用因子分析进行分析(见表 6-23),KMO 值为 0.831,因子分析结果如表 6-24 所示,只有一个因子被识别出来,命名为资源投入因子,因子的特征根累积解释了总体方差的 74.324%(见表 6-25),表明因子分析结果可以接受。

表 6-23　资源投入 KMO 和 Bartlett's 球体检验结果

KMO 值		0.831
Bartlett 球体检验	卡方值	479.655
	自由度	6
	显著性概率	0.000

表 6-24 资源投入因子分析结果

题项标签	因子负荷系数
将大部分的时间和精力投入产学研合作	0.894
将更多的经费投入产学研合作	0.864
经常与合作企业、科研机构进行知识和信息的交流	0.832
将实验设备更多地投入企业、科研机构合作技术开发	0.857

表 6-25 资源投入因子分析方差解释

因子编号	原始特征根			提取负载的平方和		
	值	所占方差的比例/%	所占方差的累积比例/%	值	所占方差的比例/%	所占方差的累积比例/%
1	2.973	74.324	74.324	2.973	74.324	74.324
2	0.415	10.375	84.698			
3	0.353	8.824	93.523			
4	0.259	6.477	100.000			

6.3.3 产学研协同创新环境下高校科研生产力影响机制剖析

1. 各变量间的相关性分析

本书在理论研究的基础上,利用因子分析值对产学研协同创新环境下高校科研生产力影响机制进行剖析。从表 6-26 中可见,由于是采用因子分析值进行相关分析,因此产学研协同中的两个维度并不相关,知识创造能力中的两个维度并不相关,而产学研协同中的异质性协同与同质性协同和科研生产力之间均存在非常显著的正向关系($p<0.01$),产学研协同中的异质性协同与同质性协同和知识创新能力中的知识获取能力与知识增殖能力均存在非常显著的正向关系($p<0.01$),知识创新能力中的知识获取能力与知识增殖能力和科研生产力之间均存在非常显著的正向关系($p<0.01$),表明本研究的预期假设具有初步的可行性。后续将利用因子分析值,通过多元回归模型对各变量之间的关系展开进一步的验证。

表 6-26　各变量的相关系数

变量	YX	TX	ZH	ZZ	ZT	KS	GL	GD
YX	1							
TX	0.000	1						
ZH	0.374**	0.418**	1					
ZZ	0.429**	0.238**	0.000	1				
ZT	0.502**	0.216**	0.252**	0.560**	1			
KS	0.463**	0.318**	0.461**	0.371**	0.463**	1		
GL	−0.034	−0.017	−0.116	0.189**	0.319**	−0.189**	1	
GD	0.141*	−0.145*	−0.010	−0.068	−0.032	−0.016	−0.355**	1

ZH、ZZ、ZT 分别表示知识获取能力、知识增殖能力、资源投入，下同

*，**，*** 分别表示在 5%、1% 和 0.1% 的水平上显著（双尾检验）

2. 实证分析结果

在采用多元回归分析法进行验证之前，检验了模型的序列相关、多重共线性和异方差等问题。所有模型中的 DW 值都接近于 2，说明不存在序列相关问题；所有模型中的容许度值和方差膨胀因子值均近似等于 1，表明不存在多重共线性问题；标准化残差的散点图呈现出无序状态，说明模型中不存在异方差问题。产学研协同、知识创新能力、资源投入以及科研生产力各个变量间的多元回归分析结果如表 6-27 所示。

在模型 7 中，产学研协同中的异质性协同和同质性协同对科研生产力存在极显著的正向影响，回归系数分别为 0.471（$p<0.001$）和 0.298（$p<0.001$）。在模型 1 中，产学研协同中的异质性协同和同质性协同对知识创新能力中的知识获取能力存在极显著的正向影响，回归系数分别为 0.377 和 0.410（p 值均小于 0.001）；在模型 4 中，产学研协同中的异质性协同和同质性协同对知识创新能力中的知识增殖能力存在极显著的正向影响，回归系数分别为 0.439 和 0.238（p 值均小于 0.001）。在模型 8 中，知识创新能力中的知识获取能力和知识增殖能力对科研生产力存在极显著的正向影响，回归系数分别为 0.432 和 0.412（p 值均小于 0.001）。

在模型 9 中，加入知识创新能力中的知识获取能力和知识增殖能力等变量后，产学研协同中的异质性协同对科研生产力的影响从模型 7 中的 0.471（$p<0.001$）减少到模型 9 中的 0.234，且通过显著性检验（$p<0.01$），而知识

第 6 章　外部协同视域下高校科研生产力提升的作用机理

表 6-27　回归分析结果

变量	ZH 模型 1	ZH 模型 2	ZH 模型 3	ZH 模型 4	ZZ 模型 5	ZZ 模型 6	ZZ 模型 7	KS 模型 8	KS 模型 9	KS 模型 10	KS 模型 11
GL	−0.111	−0.117	−0.149*	0.199**	0.060	0.102	−0.209***	−0.242***	−0.231***	−0.348***	−0.310***
GD	−0.043	−0.044	−0.045	−0.025	−0.047	−0.042	−0.113	−0.069	−0.093	−0.109*	−0.093
YX	0.377***	0.369***	0.351***	0.439***	0.245***	0.271***	0.471***		0.234**		
TX	0.410***	0.406***	0.353***	0.238***	0.150**	0.204**	0.298***		0.107		
ZH								0.432***	0.301***	0.329***	0.326***
ZZ								0.412***	0.282***	0.228***	0.231***
ZT		0.015	0.068		0.384***	0.297***				0.360***	0.310***
YX×ZT			−0.067			−0.050					
TX×ZT			−0.215**			0.140*					
ZH×ZT											−0.127*
ZZ×ZT											−0.142*
F 值	26.328***	20.979***	17.129***	21.623***	25.486***	19.891***	29.844***	36.167***	27.266***	38.502***	29.674***
R^2	0.326	0.326	0.358	0.284	0.370	0.393	0.354	0.399	0.431	0.470	0.491
调整的 R^2	0.313	0.310	0.337	0.271	0.355	0.373	0.342	0.388	0.415	0.458	0.475

*、**、*** 分别表示在 5%、1% 和 0.1% 的水平上显著

创新能力中的知识获取能力和知识增殖能力对科研生产力的影响仍然极显著，回归系数分别为 0.301（$p<0.001$）和 0.282（$p<0.001$），表明知识创新能力中的知识获取能力和知识增殖能力在产学研协同中的异质性协同和科研生产力之间存在部分中介效应；在模型 9 中，加入知识创新能力中的知识获取能力和知识增殖能力等变量后，产学研协同中的同质性协同对科研生产力的影响不再显著，回归系数为 0.107（$p>0.05$），表明知识创新能力中的知识获取能力和知识增殖能力在产学研协同中的同质性协同和科研生产力之间存在完全中介效应。

在模型 2 中，加入资源投入后，产学研协同中的异质性协同和同质性协同对知识创新能力中的知识获取能力影响依然极显著，回归系数分别为 0.369 和 0.406（p 值均小于 0.001），模型 3 加入异质性协同与资源投入的交互项以及同质性协同与资源投入的交互项后，异质性协同与资源投入的交互项对知识创新能力中的知识获取能力不存在显著的影响，回归系数为 -0.067（$p>0.05$），而同质性协同与资源投入的交互项对知识创新能力中的知识获取能力存在非常显著的负向影响，回归系数为 -0.215（$p<0.01$），表明资源投入在产学研协同中的异质性协同与知识创新能力中的知识获取能力之间不存在调节效应，而资源投入在产学研协同中的同质性协同与知识创新能力中的知识获取能力之间存在负向调节效应，减弱了产学研协同中同质性协同对知识创新能力中知识获取能力的影响（见图 6-9）。在模型 5 中，加入资源投入后，产学研协同中的异质性协同和同质性协同对知识创新能力中的知识增殖能力影响依然极显著和非常显著，回归系数分别为 0.245（$p<0.001$）和 0.150（$p<0.01$），模型 6 加入异质性协同与资源投入的交互项以及同质性协同与资源投入的交互项后，异质性协同与资源投入的交互项对知识创新能力中的知识增殖能力不存在显著的影响，回归系数为 -0.050（$p>0.05$），而同质性协同与资源投入的交互项对知识创新能力中的知识增殖能力存在显著的正向影响，回归系数为 0.140（$p<0.05$），表明资源投入在产学研协同中的异质性协同与知识创新能力中的知识增殖能力之间不存在调节效应，而资源投入在产学研协同中的同质性协同与知识创新能力中的知识增殖能力之间存在正向调节效应，增强了产学研协同中同质性协同对知识创新能力中知识增殖能力的影响（见图 6-10）。

在模型 10 中，加入资源投入后，知识创新能力中的知识获取能力和知识增殖能力对科研生产力的影响依然极显著，回归系数分别为 0.329（$p<$

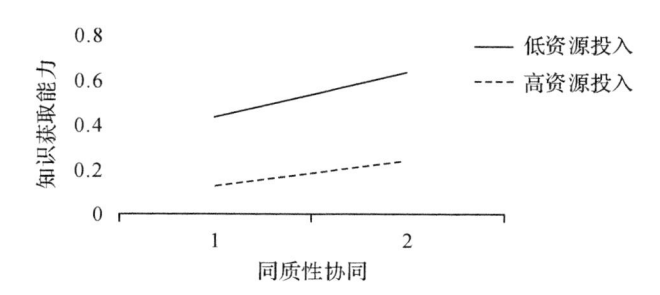

图 6-9 资源投入在同质性协同与知识获取能力两者关系中的调节效应

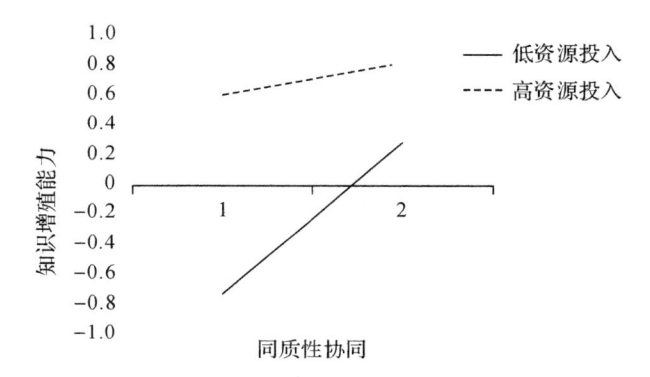

图 6-10 资源投入在同质性协同与知识增殖能力两者关系中的调节效应

0.001)和 0.228($p<0.001$)。模型 11 加入知识获取能力与资源投入的交互项以及知识增殖能力与资源投入的交互项后,知识获取能力与资源投入的交互项以及知识增殖能力与资源投入的交互项对科研生产力均存在显著的负向影响,回归系数分别为 -0.127 和 -0.142(p 值均小于 0.05),表明资源投入在知识创新能力中的知识获取能力和知识增殖能力与科研生产力之间均存在负向调节效应,减弱了知识创新能力对科研生产力的影响(见图 6-11、图 6-12)。

6.3.4 稳健性检验

为避免极端值对检验结果造成偏误和影响,本研究对所有变量进行 1% 和 99% 分位数的双侧缩尾处理,对处理后的变量数据进行回归分析后发现,多元回归分析结果与表 6-27 基本无差异,表明本书研究中的实证结果具有稳健性(见表 6-28)。

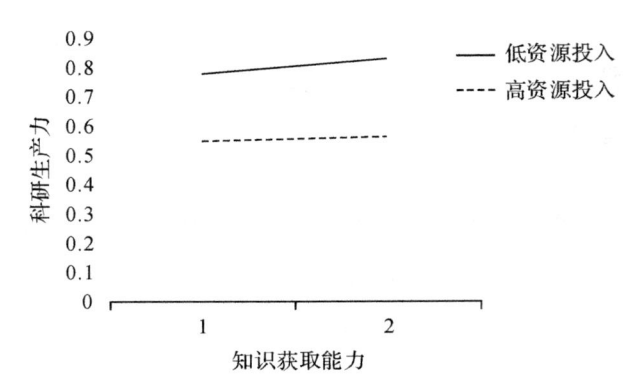

图 6-11　资源投入在知识获取能力与科研生产力两者关系中的调节效应

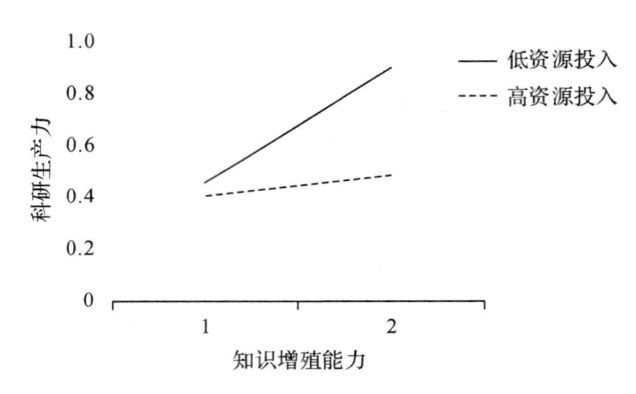

图 6-12　资源投入在知识增殖能力与科研生产力两者关系中的调节效应

6.3.5　异质性分析

1. 带头人学术地位的影响

（1）知识获取能力的带头人学术地位差异

带头人不同的学术地位在知识创新能力中知识获取能力上的各测度指标分经方差齐性检验、方差检验如表 6-29 所示。结果显示，带头人不同的学术地位在对外部行业技术情报和竞争情报的搜索能力增强（$p<0.001$）、对外部知识的价值进行评估和鉴别的能力增强（$p<0.01$）、改进外部知识使其更适合高校实际运营需要的能力增强（$p<0.01$）等测度指标分上存在显著性差异。

第6章 外部协同视域下高校科研生产力提升的作用机理

表 6-28 缩尾后回归分析结果

变量	ZH 模型1	ZH 模型2	ZH 模型3	ZZ 模型4	ZZ 模型5	ZZ 模型6	ZZ 模型7	KS 模型8	KS 模型9	KS 模型10	KS 模型11
GL	0.055	0.057	0.057	0.001	−0.020	−0.024	0.038	0.003	0.020	−0.004	−0.013
GD	−0.034	−0.031	−0.019	0.059	0.021	0.025	−0.044	−0.039	−0.047	−0.058	−0.021
YX	0.380***	0.398***	0.391***	0.425***	0.218***	0.231***	0.469***		0.246***		
TX	0.419***	0.427***	0.387***	0.243***	0.149***	0.191***	0.314***		0.123*		
ZH								0.459***	0.315***	0.402***	0.348***
ZZ								0.376***	0.242***	0.249***	0.236***
ZT		−0.037	−0.014		0.419***	0.361***				0.228***	0.244**
YX×ZT			−0.081			−0.044					
TX×ZT			−0.194***			0.119*					
ZH×ZT											−0.243***
ZZ×ZT											−0.123*
F值	25.555***	20.440***	16.280***	17.935***	25.334***	19.351***	25.330***	29.776***	23.007***	27.194***	23.617***
R^2	0.319	0.320	0.346	0.248	0.369	0.387	0.317	0.353	0.390	0.385	0.435
调整的 R^2	0.307	0.305	0.325	0.234	0.354	0.367	0.305	0.341	0.373	0.371	0.416

*、**、***分别表示在10%、5%和1%的水平上显著

表 6-29 带头人不同学术地位在知识获取能力上的对比分析

题项标签	领军人才 $n=18$	学科带头人 $n=102$	学术骨干 $n=38$	一般研究人员 $n=65$	F
对外部行业技术情报和竞争情报的搜索能力增强	5.78±0.428	5.51±1.167	4.71±1.469	5.15±0.888	6.246***
对外部知识的价值进行评估和鉴别的能力增强	5.78±0.428	5.55±0.804	5.16±0.855	5.18±0.808	5.358**
改进外部知识使其更适合高校实际运营需要的能力增强	5.78±0.428	5.45±0.919	4.92±0.969	5.15±0.795	5.926**

*$p<0.05$　**$p<0.01$　***$p<0.001$

鉴于此,在对外部行业技术情报和竞争情报的搜索能力增强这一测度指标分上进行带头人不同学术地位的多重比较,具体结果如表6-30所示。从表6-30中可见,在对外部行业技术情报和竞争情报的搜索能力增强这一测度指标分上,科研人员所在的组织进行产学研协同创新,带头人的学术地位为领军人才与学科带头人这两者之间不存在显著差异($p>0.05$),领军人才与学术骨干之间存在显著差异($p<0.01$),领军人才与一般研究人员之间存在显著差异($p<0.05$);学科带头人与学术骨干之间存在显著差异($p<0.001$),学科带头人与一般研究人员之间存在显著差异($p<0.05$);学术骨干与一般研究人员之间不存在显著差异($p>0.05$)。

表 6-30 带头人不同学术地位差异多重比较——对外部行业技术情报和竞争情报的搜索能力增强

项目	领军人才 $n=18$	学科带头人 $n=102$	学术骨干 $n=38$	一般研究人员 $n=65$
领军人才 $n=18$	/	$p=0.347$	$p=0.001$	$p=0.036$
学科带头人 $n=102$	$p=0.347$	/	$p=0.000$	$p=0.045$

续表

项目	领军人才 $n=18$	学科带头人 $n=102$	学术骨干 $n=38$	一般研究人员 $n=65$
学术骨干 $n=38$	$p=0.001$	$p=0.000$	/	$p=0.052$
一般研究人员 $n=65$	$p=0.036$	$p=0.045$	$p=0.052$	/

* $p<0.05$　** $p<0.01$　*** $p<0.001$

在对外部知识的价值进行评估和鉴别的能力增强这一测度指标分上进行带头人不同学术地位的多重比较,具体结果如表 6-31 所示。从表 6-31 中可见,在对外部知识的价值进行评估和鉴别的能力增强这一测度指标分上,科研人员所在的组织进行产学研协同创新,带头人的学术地位为领军人才与学科带头人这两者之间不存在显著差异($p>0.05$),领军人才与学术骨干之间存在显著差异($p<0.01$),领军人才与一般研究人员之间存在显著差异($p<0.01$);学科带头人与学术骨干之间存在显著差异($p<0.05$),学科带头人与一般研究人员之间存在显著差异($p<0.01$);学术骨干与一般研究人员之间不存在显著差异($p>0.05$)。

表 6-31　带头人不同学术地位差异多重比较——对外部知识的价值进行评估和鉴别的能力增强

项目	领军人才 $n=18$	学科带头人 $n=102$	学术骨干 $n=38$	一般研究人员 $n=65$
领军人才 $n=18$	/	$p=0.260$	$p=0.007$	$p=0.005$
学科带头人 $n=102$	$p=0.260$	/	$p=0.010$	$p=0.004$
学术骨干 $n=38$	$p=0.007$	$p=0.010$	/	$p=0.869$
一般研究人员 $n=65$	$p=0.005$	$p=0.004$	$p=0.869$	/

* $p<0.05$　** $p<0.01$　*** $p<0.001$

在改进外部知识使其更适合高校实际运营需要的能力增强这一测度指标分上进行带头人不同学术地位的多重比较,具体结果如表 6-32 所示。从表 6-32 中可见,在改进外部知识使其更适合高校实际运营需要的能力增强这一测度指标分上,科研人员所在的组织进行产学研协同创新,带头人的学术地位为领军人才与学科带头人这两者之间不存在显著差异($p>0.05$),领军人才与学术骨干之间存在显著差异($p<0.01$),领军人才与一般研究人员之间存在显著差异($p<0.01$);学科带头人与学术骨干之间存在显著差异($p<0.01$),学科带头人与一般研究人员之间存在显著差异($p<0.05$);学术骨干与一般研究人员之间不存在显著差异($p>0.05$)。

表 6-32　带头人不同学术地位差异多重比较——改进外部知识使其更适合高校实际运营需要的能力增强

项目	领军人才 $n=18$	学科带头人 $n=102$	学术骨干 $n=38$	一般研究人员 $n=65$
领军人才 $n=18$	/	$p=0.141$	$p=0.001$	$p=0.007$
学科带头人 $n=102$	$p=0.141$	/	$p=0.001$	$p=0.031$
学术骨干 $n=38$	$p=0.001$	$p=0.001$	/	$p=0.189$
一般研究人员 $n=65$	$p=0.007$	$p=0.031$	$p=0.189$	/

* $p<0.05$　** $p<0.01$　*** $p<0.001$

(2) 知识增殖能力的带头人学术地位差异

带头人不同的学术地位在知识创新能力中知识增殖能力上的各测度指标分经方差齐性检验、方差检验如表 6-33 所示。结果显示,带头人不同的学术地位在拥有成熟的流程和机制鼓励对从企业、科研机构获取的新知识进行运用($p<0.001$)、擅于基于新知识的导入来优化组织流程和机制($p<0.001$)等测度指标分上差异存在显著性,但在擅长对学校已有知识进行改进和深入挖掘这一测度指标分上不存在显著性(差异 $p>0.05$)。

表 6-33 带头人不同学术地位在知识增殖能力上的对比分析

题项标签	领军人才 $n=18$	学科带头人 $n=102$	学术骨干 $n=38$	一般研究人员 $n=65$	F
拥有成熟的流程和机制鼓励对从企业、科研机构获取的新知识进行运用	5.33±1.029	5.21±0.958	4.89±0.953	4.49±1.048	7.844***
擅长对学校已有知识进行改进和深入挖掘	5.17±0.618	4.84±1.088	4.97±1.000	4.71±0.931	1.239
擅于基于新知识的导入来优化组织流程和机制	5.06±0.802	5.27±0.935	5.24±0.820	4.57±1.075	7.919***

*$p<0.05$ **$p<0.01$ ***$p<0.001$

鉴于此,在对拥有成熟的流程和机制鼓励对从企业、科研机构获取的新知识进行运用,擅于基于新知识的导入来优化组织流程和机制这两个测度指标分上进行带头人不同学术地位的多重比较,具体结果如表 6-34 所示。从表 6-34 中可见,在拥有成熟的流程和机制鼓励对从企业、科研机构获取的新知识进行运用这一测度指标分上,科研人员所在的组织进行产学研协同创新,带头人的学术地位为领军人才与学科带头人、学术骨干之间不存在显著差异($p>0.05$),领军人才与一般研究人员之间存在显著差异($p<0.01$);学科带头人与学术骨干之间不存在显著差异($p>0.05$),学科带头人与一般研究人员之间存在显著差异($p<0.001$);学术骨干与一般研究人员之间存在显著差异($p<0.05$)。

表 6-34 带头人不同学术地位差异多重比较——拥有成熟的流程和机制鼓励对从企业、科研机构获取的新知识进行运用

项目	领军人才 $n=18$	学科带头人 $n=102$	学术骨干 $n=38$	一般研究人员 $n=65$
领军人才 $n=18$	/	$p=0.615$	$p=0.123$	$p=0.002$
学科带头人 $n=102$	$p=0.615$	/	$p=0.100$	$p=0.000$

续表

项目	领军人才 $n=18$	学科带头人 $n=102$	学术骨干 $n=38$	一般研究人员 $n=65$
学术骨干 $n=38$	$p=0.123$	$p=0.100$	/	$p=0.048$
一般研究人员 $n=65$	$p=0.002$	$p=0.000$	$p=0.048$	/

* $p<0.05$ ** $p<0.01$ *** $p<0.001$

对擅于基于新知识的导入来优化组织流程和机制这一测度指标分上进行带头人不同学术地位的多重比较,具体结果如表6-35所示。从表6-35中可见,在擅于基于新知识的导入来优化组织流程和机制这一测度指标分上,科研人员所在的组织进行产学研协同创新,带头人的学术地位为领军人才与学科带头人、学术骨干以及一般研究人员之间不存在显著差异($p>0.05$);学科带头人与学术骨干之间不存在显著差异($p<0.05$),学科带头人与一般研究人员之间存在显著差异($p<0.001$);学术骨干与一般研究人员之间存在显著差异($p<0.01$)。

表6-35 带头人不同学术地位差异多重比较——擅于基于新知识的导入来优化组织流程和机制

项目	领军人才 $n=18$	学科带头人 $n=102$	学术骨干 $n=38$	一般研究人员 $n=65$
领军人才 $n=18$	/	$p=0.369$	$p=0.506$	$p=0.056$
学科带头人 $n=102$	$p=0.369$	/	$p=0.835$	$p=0.000$
学术骨干 $n=38$	$p=0.506$	$p=0.835$	/	$p=0.001$
一般研究人员 $n=65$	$p=0.056$	$p=0.000$	$p=0.001$	/

* $p<0.05$ ** $p<0.01$ *** $p<0.001$

(3)科研生产力的带头人学术地位差异

带头人不同的学术地位在科研生产力上的各测度指标分经方差齐性检

验、方差检验如表 6-36 所示。结果显示,带头人不同的学术地位在发表了较多高水平论文($p<0.001$)、出版了较多具有影响力的专著($p<0.01$)、获得了较多的省部级及以上奖项($p<0.001$)等测度指标分上存在显著性差异,但在申请了很多新的专利这一测度指标分上不存在显著性差异($p>0.05$)。

表 6-36　带头人不同学术地位在科研生产力上的对比分析

题项标签	领军人才 $n=18$	学科带头人 $n=102$	学术骨干 $n=38$	一般研究人员 $n=65$	F
发表了较多高水平论文	5.89±0.676	5.63±0.770	5.11±0.894	4.83±0.977	15.106***
出版了较多具有影响力的专著	5.06±0.802	5.14±0.901	4.63±0.852	4.63±1.054	5.207**
申请了很多新的专利	5.22±0.878	5.15±0.938	4.89±0.727	4.94±0.916	1.341
获得了较多的省部级及以上奖项	5.56±1.042	5.27±0.881	5.00±0.658	4.82±0.705	6.276***

* $p<0.05$　** $p<0.01$　*** $p<0.001$

鉴于此,在对发表了较多高水平论文、出版了较多具有影响力的专著、获得了较多的省部级及以上奖项这几个测度指标分上进行带头人不同学术地位的多重比较,具体结果如表 6-37 所示。从表 6-37 中可见,在发表了较多高水平论文这一测度指标分上,科研人员所在的组织进行产学研协同创新,带头人的学术地位为领军人才与学科带头人这两者之间不存在显著差异($p>0.05$),领军人才与学术骨干之间存在显著差异($p<0.01$),领军人才与一般研究人员之间存在显著差异($p<0.001$);学科带头人与学术骨干之间存在显著差异($p<0.01$),学科带头人与一般研究人员之间存在显著差异($p<0.001$);学术骨干与一般研究人员之间不存在显著差异($p>0.05$)。

表 6-37　带头人不同学术地位差异多重比较——发表了较多高水平论文

项目	领军人才 $n=18$	学科带头人 $n=102$	学术骨干 $n=38$	一般研究人员 $n=65$
领军人才 $n=18$	/	$p=0.230$	$p=0.001$	$p=0.000$

续表

项目	领军人才 $n=18$	学科带头人 $n=102$	学术骨干 $n=38$	一般研究人员 $n=65$
学科带头人 $n=102$	$p=0.230$	/	$p=0.001$	$p=0.000$
学术骨干 $n=38$	$p=0.001$	$p=0.001$	/	$p=0.115$
一般研究人员 $n=65$	$p=0.000$	$p=0.000$	$p=0.115$	/

* $p<0.05$　** $p<0.01$　*** $p<0.001$

对出版了较多具有影响力的专著这一测度指标分上进行带头人不同学术地位的多重比较,具体结果如表 6-38 所示。从表 6-38 中可见,在出版了较多具有影响力的专著这一测度指标分上,科研人员所在的组织进行产学研协同创新,带头人的学术地位为领军人才与学科带头人、学术骨干以及一般研究人员之间不存在显著差异($p>0.05$);学科带头人与学术骨干($p<0.01$)、一般研究人员($p<0.01$)之间存在显著差异;学术骨干与一般研究人员之间不存在显著差异($p>0.05$)。

表 6-38　带头人不同学术地位差异多重比较——出版了较多具有影响力的专著

项目	领军人才 $n=18$	学科带头人 $n=102$	学术骨干 $n=38$	一般研究人员 $n=65$
领军人才 $n=18$	/	$p=0.733$	$p=0.114$	$p=0.089$
学科带头人 $n=102$	$p=0.733$	/	$p=0.005$	$p=0.001$
学术骨干 $n=38$	$p=0.114$	$p=0.005$	/	$p=0.997$
一般研究人员 $n=65$	$p=0.089$	$p=0.001$	$p=0.997$	/

* $p<0.05$　** $p<0.01$　*** $p<0.001$

对获得了较多的省部级及以上奖项这一测度指标分上进行带头人不同学术地位的多重比较,具体结果如表 6-39 所示。从表 6-39 中可见,在获得了较多的省部级及以上奖项这一测度指标分上,科研人员所在的组织进行产学研协同创新,带头人的学术地位为领军人才与学科带头人这两者之间不存在显著差异($p>0.05$),但与学术骨干($p<0.05$)、一般科研人员($p<0.01$)之间存在显著差异;学科带头人与学术骨干之间不存在显著差异($p>0.05$),但与一般研究人员之间存在显著差异($p<0.001$);学术骨干与一般研究人员之间不存在显著差异($p>0.05$)。

表 6-39 带头人不同学术地位差异多重比较——获得了较多的省部级及以上奖项

项目	领军人才 $n=18$	学科带头人 $n=102$	学术骨干 $n=38$	一般研究人员 $n=65$
领军人才 $n=18$	/	$p=0.177$	$p=0.018$	$p=0.001$
学科带头人 $n=102$	$p=0.177$	/	$p=0.077$	$p=0.000$
学术骨干 $n=38$	$p=0.018$	$p=0.077$	/	$p=0.267$
一般研究人员 $n=65$	$p=0.001$	$p=0.000$	$p=0.267$	/

* $p<0.05$　** $p<0.01$　*** $p<0.001$

2. 学科的影响

(1) 知识获取能力的学科差异

不同学科在知识创新能力中的知识获取能力上各测度指标分经方差齐性检验、方差检验如表 6-40 所示。结果显示,不同学科在对外部行业技术情报和竞争情报的搜索能力增强($p<0.05$)、对外部知识的价值进行评估和鉴别的能力增强($p<0.05$)、改进外部知识使其更适合高校实际运营需要的能力增强($p<0.01$)等测度指标分上存在显著性差异。

表 6-40　不同学科在知识获取能力上的对比分析①

题项标签	自然学科 $n=68$	人文社会学科 $n=155$	t
对外部行业技术情报和竞争情报的搜索能力增强	5.57±0.816	5.17±1.253	−2.451*
对外部知识的价值进行评估和鉴别的能力增强	5.60±0.900	5.30±0.759	−2.561*
改进外部知识使其更适合高校实际运营需要的能力增强	5.57±0.816	5.18±0.901	−3.084**

* $p<0.05$　** $p<0.01$　*** $p<0.001$

(2) 知识增殖能力的学科差异

不同学科在知识创新能力中的知识增殖能力上各测度指标分经方差齐性检验、方差检验如表 6-41 所示。结果显示，不同学科在拥有成熟的流程和机制鼓励对从企业、科研机构获取的新知识进行运用，擅长对学校已有知识进行改进和深入挖掘，擅于基于新知识的导入来优化组织流程和机制等测度指标分上不存在显著差异（$p>0.05$）。

表 6-41　不同学科在知识增殖能力上的对比分析

题项标签	自然学科 $n=68$	人文社会学科 $n=155$	t
拥有成熟的流程和机制鼓励对从企业、科研机构获取的新知识进行运用	5.03±0.962	4.92±1.066	−0.709
擅长对学校已有知识进行改进和深入挖掘	4.91±1.116	4.83±0.948	−0.590
擅于基于新知识的导入来优化组织流程和机制	5.22±1.005	4.97±0.983	−1.756

* $p<0.05$　** $p<0.01$　*** $p<0.001$

(3) 科研生产力的学科差异

不同学科在科研生产力上各测度指标分经方差齐性检验、方差检验如表

---

① 为便于统计分析，将交叉学科归入自然学科中，下同。

6-42 所示。结果显示,不同学科在发表了较多高水平论文、出版了较多具有影响力的专著、申请了很多新的专利、获得了较多的省部级及以上奖项等测度指标分上不存在显著差异($p>0.05$)。

表 6-42 不同学科在科研生产力上的对比分析

题项标签	自然学科 $n=68$	人文社会学科 $n=155$	t
发表了较多高水平论文	5.15±0.885	5.41±0.938	1.934
出版了较多具有影响力的专著	4.97±0.962	4.86±0.961	−0.759
申请了很多新的专利	4.99±0.801	5.08±0.937	0.706
获得了较多的省部级及以上奖项	4.96±0.818	5.19±0.844	1.902

* $p<0.05$ ** $p<0.01$ *** $p<0.001$

综上所述,在知识创新能力中的知识获取能力上,科研人员所在的组织进行产学研协同创新,存在带头人学术地位、学科的差异;在知识创新能力中的知识增殖能力上以及科研生产力上,科研人员所在的组织进行产学研协同创新,存在带头人学术地位的差异。

6.4 本章小结

产学研协同创新是在创新日益复杂和融合愈益加剧的环境下形成的科技创新新范式。运用产学研协同创新模式提升高校科研生产力是得到普遍认同但仍未解决的难题。关于产学研协同创新对科研生产力演化的作用机制这一议题,本章主要对以下几个关键问题进行了研究:(1)产学研协同创新与高校科研生产力演化存在怎样的关系?(2)产学研协同创新环境下高校科研生产力演化过程剖析:科研生产力演化发展经历了哪些阶段?哪些因素影响了科研生产力的演化阶段?(3)产学研协同创新环境下高校科研生产力影响机制是怎样的?围绕上述几个关键问题,本章展开了较为深入的理论分析和较为系统的实证研究工作。本章以浙江高校为研究对象,理论结合实证剖析了产学研协同创新对科研生产力演化的作用机制,得出了以下几个较有新意的结论。

第一,产学研协同创新中异质性协同和同质性协同对高校科研生产力存在正向影响；产学研协同创新中异质性协同和同质性协同对知识创新能力中的知识获取能力和知识增殖能力存在正向影响；知识创新能力中的知识获取能力和知识增殖能力对科研生产力存在正向影响。

第二，产学研协同创新环境下高校科研生产力演化模型包含着三个主体（高校、研究机构与企业、协同创新平台），存在四个阶段（研究问题模块化处理、基于模块化问题的科技活动、学科知识的匹配和交叉、知识吸收和利用），四个知识转化过程（组织隐性知识—组织显性知识—组织显性知识—组织隐性知识）。

第三，知识创新能力中的知识获取能力和知识增殖能力在产学研协同中的异质性协同和科研生产力之间存在部分中介效应，知识创新能力中的知识获取能力和知识增殖能力在产学研协同中的同质性协同和科研生产力之间存在完全中介效应。

第四，资源投入在产学研协同中的同质性协同与知识创新能力中的知识获取能力之间存在负向调节效应，减弱了产学研协同中同质性协同对知识创新能力中知识获取能力的影响；资源投入在产学研协同中的同质性协同与知识创新能力中的知识增殖能力之间存在正向调节效应，增强了产学研协同中同质性协同对知识创新能力中知识增殖能力的影响；资源投入在知识创新能力中的知识获取能力和知识增殖能力与科研生产力之间均存在负向调节效应，减弱了知识创新能力对科研生产力的影响。

第五，在知识创新能力中的知识获取能力上，科研人员所在的组织进行产学研协同创新，存在带头人学术地位、学科的差异；在知识创新能力中的知识增殖能力上以及科研生产力上，科研人员所在的组织进行产学研协同创新，存在带头人学术地位的差异。

第 7 章 结论与展望

本章为本书研究的总结部分,包括三个主要部分:首先,总结和概述了本书的主要研究结论;其次,根据研究结论,提出了相关政策建议;最后,分析与总结了本书的局限性,并指出了未来的研究方向。

7.1 主要研究结论

本书选取"内外协同:高校科研生产力提升之谜"为研究主题,基于理论分析和实践调查,从内外协同视域探究国内外提升高校科研生产力的政策,重点聚焦内部协同视域下基于跨学科科研合作提升高校科研生产力的作用机理,尤其关注外部协同视域下基于产学研协同创新提升高校科研生产力的作用机理。

遵循从"内部协同视域下高校科研生产力提升政策"到"外部协同视域下高校科研生产力提升政策"再到"内部协同视域下高校科研生产力提升作用机理"最后到"外部协同视域下高校科研生产力提升作用机理"的逻辑链条,本书形成了以下几大核心研究模块。研究模块 1:内部协同视域下高校科研生产力提升的政策。基于跨学科合作视角,全面系统地梳理我国促进高校科研生产力的政策,剖析我国促进跨学科合作政策的演进图景包括演进历程、演进框架,并分析政策的演进逻辑,包括演进模式与演进结构性分析。研究模块 2:外部协同视域下高校科研生产力提升的政策。基于产学研协同创新视角,透析美国政府资助产学研协同创新提升高校科研力的动力机制、组织模式及政策机制,并基于我国政府资助产学研协同创新提升高校科研生产力的现状,获得相关的政策启示。研究模块 3:内部协同视域下高校科研生产力提升的作用机理。跨学科组织是高校开展跨学科科研合作提升科研生产力的关键载体，因此以高校跨学科组织为例，探究跨学科研究与高校跨学科组织科研生产力演化的关系，探寻跨学科研究环境下高校跨学科组织科研生产力演化轨迹，构建跨学科组织的两个维度——跨学科组织合理性及其与产业界联系、跨学科研究管理体制、运行机制、评价机制与科研生产力初始概念模型，通过调查问卷收集数据，利用 OLS 估计方法估计模型参数，进而阐释内部协同视域下高校科研生产力提升的作用机理。研究模块 4：外部协同视域下高校科研生产力提升的作用机理。揭示产学研协同与高校科研生产力演化之间的关系，刻画产学研协同创新环境下高校科研生产力演化轨迹，构建"产学研协同（异质性协同、同质性协同）"到"知识创新能力（知识获取能力、知识增殖能力）"再到"科研生产力"的理论假设模型，并探究理论假设模型中资源投入的交互效应。通过调查收集数据，利用 OLS 估计方法对模型参数进行估计，检验研究假设，聚焦于阐释外部协同视域下高校科研生产力提升的作用机理问题。

为此，本书以科研生产力理论、跨学科科研合作理论、产学研协同创新理论作为理论基础，构建数据库与理论模型，并通过调查研究，获得如表 7-1 所示的研究结果。

表 7-1 研究结果的归纳总结

序号	关系描述	研究结果
1	促进跨学科合作政策文本→政策演变历程	将促进跨学科合作政策的演变历程分为萌芽期、发展期、提升期和优化期
2	历史性分析范式→政策演进框架	促进跨学科合作政策发展演变与国家重大需求相契合，且长期保持供给型政策工具偏好
3	促进跨学科合作政策文本→政策演进模式	按照路径依赖和渐进转型模式演变，以此来维持政策的长效稳定
4	结构性分析范式→政策演变动力机制	国家宏观制度环境、外部中观环境变量、政策相关者微观行为是促进跨学科合作政策演变的重要影响因素
5	我国促进跨学科合作提升高校科研生产力→政策启示	加强顶层设计，形成系统的战略思考；优化政策工具组合，加强需求型政策工具使用；关注微观行动者利益诉求，激发跨学科合作内生动力

续表

序号	关系描述	研究结果
6	美国产学研协同创新→变迁特征	美国产学研协同创新的变迁过程是政府驱动型的变迁,社会发展环境的变化是美国产学研协同创新变迁的主要推动力,产学研合作的覆盖范围逐渐扩大、内容逐渐充实
7	美国产学研协同创新→变迁制度	美国产学研协同创新的过程是强制性制度变迁和诱致性制度变迁并行的变迁过程
8	美国联邦政府介入产学研协同创新→动力	政府的引导和政策支持以及市场中供给和需求的变化是美国联邦政府对产学研协同创新介入的动力所在,而产学研协同创新的参与者对科技成果潜在价值的追求更是美国联邦政府介入产学研协同创新的重要推动力量
9	美国产学研协同创新提升高校科研生产力→模式	在不断的实践探索中形成了产学研合作教育、产学研合作研发及产学研合作产业化三大典型模式
10	美国产学研协同创新变迁历程→政府政策阶段	1862年《莫里尔法案》颁布——美国产学研合作萌芽、1906年辛辛那提合作教育模式提出——美国产学研合作兴起、1951年斯坦福大学工业园创建——美国产学研合作繁荣
11	美国政府资助产学研协同创新提升高校科研生产力→政策	配套政策支持、专项资金支持、中介服务支持
12	美国政府资助产学研协同创新提升高校科研生产力→政策启示	发挥政府的引领作用、建立协同创新服务体系、加强对重点领域的资助管理
13	跨学科组织合理性→科研生产力	跨学科组织合理性对高校跨学科组织科研生产力有正向促进作用
14	跨学科组织与产业界联系→科研生产力	跨学科组织与产业界联系对高校跨学科组织科研生产力有正向促进作用

续表

序号	关系描述	研究结果
15	跨学科组织合理性→跨学科研究管理体制	跨学科组织合理性对跨学科研究管理体制有正向促进作用
16	跨学科组织合理性→跨学科研究运行机制	跨学科组织合理性对跨学科研究运行机制有正向促进作用
17	跨学科组织合理性→跨学科研究评价机制	跨学科组织合理性对跨学科研究评价机制有正向促进作用
18	跨学科组织与产业界联系→跨学科研究管理体制	跨学科组织与产业界联系对跨学科研究管理体制有正向促进作用
19	跨学科组织与产业界联系→跨学科研究运行机制	跨学科组织与产业界联系对跨学科研究运行机制有正向促进作用
20	跨学科组织与产业界联系→跨学科研究评价机制	跨学科组织与产业界联系对跨学科研究评价机制有正向促进作用
21	跨学科研究管理体制→科研生产力	跨学科研究管理体制对高校跨学科组织科研生产力有正向促进作用
22	跨学科研究运行机制→科研生产力	跨学科研究运行机制对高校跨学科组织科研生产力有正向促进作用
23	跨学科研究评价机制→科研生产力	跨学科研究评价机制对高校跨学科组织科研生产力有正向促进作用
24	跨学科研究管理体制、运行机制、评价机制→跨学科组织合理性和科研生产力两者关系	跨学科研究管理体制、运行机制和评价机制在跨学科组织合理性和科研生产力之间的关系中存在着显著的完全中介效应
25	跨学科研究管理体制、运行机制、评价机制→跨学科组织与产业界联系和科研生产力两者关系	跨学科研究管理体制、运行机制和评价机制在跨学科组织与产业界联系和科研生产力之间的关系中存在着显著的完全中介效应

第7章 结论与展望

续表

序号	关系描述	研究结果
26	性别、学科、职称→跨学科研究管理体制、运行机制、评价机制、科研生产力	在跨学科研究运行机制的部分测度指标上存在性别、学科差异，在跨学科研究评价机制的部分测度指标上存在学科差异，在跨学科研究管理体制的部分测度指标上存在职称差异，在科研生产力的部分测度指标上存在学科、职称差异
27	异质性协同→科研生产力	异质性协同对科研生产力存在正向影响
28	同质性协同→科研生产力	同质性协同对科研生产力存在正向影响
29	异质性协同→知识获取能力	异质性协同对知识获取能力存在正向影响
30	同质性协同→知识获取能力	同质性协同对知识获取能力存在正向影响
31	异质性协同→知识增殖能力	异质性协同对知识增殖能力存在正向影响
32	同质性协同→知识获取能力	同质性协同对知识增殖能力存在正向影响
33	知识获取能力→科研生产力	知识获取能力对科研生产力存在正向影响
34	知识增殖能力→科研生产力	知识增殖能力对科研生产力存在正向影响
35	知识获取能力→异质性协同和科研生产力两者关系	知识获取能力在异质性协同和科研生产力之间存在部分中介效应
36	知识增殖能力→异质性协同和科研生产力两者关系	知识增殖能力在异质性协同和科研生产力之间存在部分中介效应
37	知识获取能力→同质性协同和科研生产力两者关系	知识获取能力在同质性协同和科研生产力之间存在完全中介效应

续表

序号	关系描述	研究结果
38	知识增殖能力→同质性协同和科研生产力两者关系	知识增殖能力在同质性协同和科研生产力之间存在完全中介效应
39	资源投入→同质性协同与知识获取能力两者关系	资源投入在同质性协同与知识获取能力之间存在负向调节效应,减弱了同质性协同对知识获取能力的影响
40	资源投入→同质性协同与知识增殖能力两者关系	资源投入在同质性协同与知识增殖能力之间存在正向调节效应,增强了同质性协同对知识增殖能力的影响
41	资源投入→知识获取能力与科研生产力两者关系	资源投入在知识获取能力与科研生产力之间存在负向调节效应,减弱了知识获取能力对科研生产力的影响
42	资源投入→知识增殖能力与科研生产力两者关系	资源投入在知识增殖能力与科研生产力之间存在负向调节效应,减弱了知识增殖能力对科研生产力的影响
43	带头人学术地位、学科→知识获取能力	在知识获取能力上,科研人员所在的组织进行产学研协同创新,存在带头人学术地位、学科的差异
44	带头人学术地位→知识增殖能力	在知识增殖能力上,科研人员所在的组织进行产学研协同创新,存在带头人学术地位的差异
45	带头人学术地位→科研生产力	在科研生产力上,科研人员所在的组织进行产学研协同创新,存在带头人学术地位的差异

本书通过总结以上研究结果,得到如下研究结论。

第一,根据政策样本的数量分布特征、政策内容以及社会背景,可以将促进跨学科合作政策的演变历程分为萌芽期、发展期、提升期和优化期。在历史性分析范式中,促进跨学科合作政策发展演变与国家重大需求相契合,且长期保持供给型政策工具偏好。促进跨学科合作政策的演变历程显示出其通过积极的自我强化,不断重复和加强既定内容,按照路径依赖和渐进转型模式演变,以此来维持政策的长效稳定。在结构性分析范式中,国家宏观制度环境、外部中观环境变量、政策相关者微观行为是导致促进跨学科合作政策演变的重要影响因素。因此,要提升高校科研生产力,基于内部协同视域,必须从政策上加强顶层设计,形成系统的战略思考;优化政策工具组合,加强需求型政策工具使用;关注微观行动者利益诉求,激发跨学科合作内生动力。

第二,美国产学研协同创新的变迁过程是政府驱动型的变迁,社会发展环境的变化是美国产学研协同创新变迁的主要推动力,产学研合作的覆盖范围逐渐扩大、内容逐渐充实。美国产学研协同创新的过程是强制性制度变迁和诱致性制度变迁并行的变迁过程。政府的引导和政策支持以及市场中供给和需求的变化是美国联邦政府对产学研协同创新介入以提升高校科研生产力的动力所在,而产学研协同创新的参与者对科技成果潜在价值的追求更是美国联邦政府介入产学研协同创新的重要推动力量。在美国产学研协同创新提升高校科研生产力不断的实践探索中形成了产学研合作教育、产学研合作研发及产学研合作产业化三大典型模式。在美国产学研协同创新变迁历程中,美国政府颁布《莫里尔法案》、推广辛辛那提合作教育模式、促进斯坦福大学工业园创建。美国政府在资助产学研协同创新提升高校科研生产力的过程中,给予配套政策支持、专项资金支持、中介服务支持,并发挥政府的引领作用、建立协同创新服务体系、加强对重点领域的资助管理。

第三,对跨学科研究环境下高校跨学科组织科研生产力影响机制的研究表明,跨学科组织的两个子维度即跨学科组织合理性及其和产业界的联系,对跨学科研究绩效即科研生产力均产生显著的正向影响;跨学科组织的两个子维度即跨学科组织合理性及其和产业界的联系,对跨学科研究管理体制、运行机制和评价机制均产生显著的正向影响,比较而言,跨学科组织和产业界的联系对跨学科研究管理体制、运行机制和评价机制的正向影响更为显著,尤其对跨学科研究管理体制和运行机制的促进作用甚为明显;跨学科研究管理体制、运行机制及评价机制在"跨学科组织—科研生产力"关系中均存在完全的中介效应。比较而言,跨学科研究管理体制、运行机制和评价机制在跨学科组织和产业界的联系与科研生产力关系间发挥出的中介作用比其在跨学科组织合理性与科研生产力关系间的中介作用更为显著。在运行机制的部分测度指标上存在性别、学科差异,在评价机制的部分测度指标上存在学科差异,在管理体制的部分测度指标上存在职称差异,在科研生产力的部分测度指标上存在学科、职称差异。在男性组中,跨学科研究管理体制、运行机制、评价机制在跨学科组织合理性、跨学科组织与产业界联系和科研生产力的关系中发挥的中介效应更为显著。在跨学科组织合理性、跨学科组织与产业界联系、跨学科研究管理体制、运行机制、评价机制的共同作用下,对科研生产力产生负向影响背后的形成机制可能与学科、职称有关。

第四,产学研协同创新中异质性协同和同质性协同对高校科研生产力存在正向影响;产学研协同创新中异质性协同和同质性协同对知识创新能力中的知识获取能力和知识增殖能力存在正向影响;知识创新能力中的知识获取能力和知识增殖能力对科研生产力存在正向影响。知识创新能力中的知识获取能力和知识增殖能力在产学研协同中的异质性协同和科研生产力之间存在部分中介效应,知识创新能力中的知识获取能力和知识增殖能力在产学研协同中的同质性协同和科研生产力之间存在完全中介效应。资源投入在产学研协同中的同质性协同与知识创新能力中的知识获取能力之间存在负向调节效应,减弱了产学研协同中同质性协同对知识创新能力中知识获取能力的影响,资源投入在产学研协同中的同质性协同与知识创新能力中的知识增殖能力之间存在正向调节效应,增强了产学研协同中同质性协同对知识创新能力中知识增殖能力的影响;资源投入在知识创新能力中的知识获取能力和知识增殖能力与科研生产力之间均存在负向调节效应,减弱了知识创新能力对科研生产力的影响。在知识创新能力中的知识获取能力上,科研人员所在的组织进行产学研协同创新,存在带头人学术地位、学科的差异;在知识创新能力中的知识增殖能力上以及科研生产力上,科研人员所在的组织进行产学研协同创新,存在带头人学术地位的差异。

7.2 政策建议

基于以上研究结论,提出如下政策建议。

7.2.1 发挥政府政策效应,助推科研生产力发展

教育部于2022年印发了《关于加强高校有组织科研 推动高水平自立自强的若干意见》,推动高校充分发挥新型举国体制优势,加强有组织科研,全面加强创新体系建设,从而大力提升高校的科研生产力。习近平总书记在党的二十大报告中也强调,必须坚持科技是第一生产力、人才是第一资源、创新是第一动力,深入实施科教兴国战略、人才强国战略、创新驱动发展战略。近年来,我国政府支持高校科研生产力提升的政策日趋完善,对科研人员的带动作

用日益增大,政策工具组合不断创新,在高校科研生产力发展中发挥着不可或缺的作用。

政府作为国家创新体系中关键创新主体之一,在充分发挥有为政府和有效市场合力的基础上,为高校开展有组织科研提供知识生产和知识应用的开放型市场。在由政府开创和主导秩序的知识市场中,政府的科研政策是知识市场有效运转的前提(王彦雷,2024)。一方面,政府面向高校采取设立专项资金、建设高校人才队伍、支持高校创建各类科技创新平台、鼓励高校开展创新创业教育等促进科研生产力提升的举措,在充分调动高校积极性、为高校发展科研生产力提供有力支撑的同时,努力营造高校科研生产力发展的良好环境。另一方面,政府按照科研创新价值的大小对高校进行公平公正奖励或资助的同时,支持高校构建产学研协同创新激励机制,发挥企业和科研机构作为科研创新的主力军作用。政府可以通过税收减免优惠、直接资助、荣誉奖励等方式激励企业与高校一起形成利益共同体,围绕"卡点"和"控制点"技术进行攻关,突破"卡脖子"难题。此外,政府应在高等教育体系中引导构建由政府、企业、非营利组织等构成的多元资助体系,共同助力高校科研生产力的发展。

7.2.2 强化高校跨学科科研合作,促进科研生产力提升

高校跨学科科研合作是影响科研生产力的重要维度,跨学科科研合作过程中隐性知识共享与创新思维碰撞是知识创新的重要动力,在很大程度上影响着创新驱动发展战略的深入实施。

高校跨学科组织作为高校从事跨学科科研合作的关键载体,可以打破学科壁垒,实现不同学科理论方法的相互渗透和融合,形成新型的知识网络和组织模式(唐雅倩,2013),对于催生原创性重大科学成就、支撑复合型创新人才培养、优化学科布局有着相当重要的意义。就高校跨学科组织而言,应尽可能选择不同职称、不同学历层次、不同学科及不同年龄结构的科研人员构建跨学科组织。同时,高校跨学科组织应加强与产业界联系,在与产业界创建合作共同体的过程中,注重从产业界获取研究灵感与经验,拓宽知识边界,激活学术心脏地带,从而提升科研生产力。此外,在管理体制方面,高校应建立与跨学科科研合作相匹配的管理体制,改革现有的高校科研管理体制,进一步盘活科研资源,激发科研活力,具体而言,可以在高校层面建立跨学科学术委员会,实行委员会领导下的主任负责制,并在高校层面设立跨学科研究专项基金;在运行机制方面,高校跨学科组织在开展跨学科科研合作时,应有明确的跨学科研

究主题,围绕现实问题开展跨学科研究,同时,跨学科研究成员之间要进行有效沟通,合理分配跨学科研究经费,并大力培养跨学科人才;在评价机制方面,高校应建立健全的跨学科学术评价制度,评价时鼓励团队协作,并承认在其他学科出版物上发表的成果。只有构建相对灵活的管理体制、运行机制与评价机制,才有助于推倒跨学科科研合作的"学科围墙",进一步解放高校的科研生产力,释放科研创新的巨大活力。

7.2.3 推动产学研深度融合,助力科研生产力跃迁

高校是学术研究和创新的摇篮,拥有一流的学术团队和科研实力,能够为科研生产力发展提供强大的支撑和保障。北京大学副校长张锦表示,高校是教育、科技、人才"三位一体"的重要结合点,发挥着基础研究主力军和重大科技突破生力军的作用。在我国,高校是主要的科学研究阵地,而高校科研人员作为阵地的排头兵,肩负着大量的探索科研前沿基础研究的任务。高校作为国家科技创新体系中的重要组成部分,充分发挥高校在基础研究方面的人才、实验环境、学科、科技信息集散等优势,可为科技创新提供理论支撑和实践指导。

传统的科研模式往往注重理论研究和学术成果发表,而对于科研成果的商业化应用则相对忽视。随着科教改革的推进,高校开始更加注重科研成果的转化和应用,鼓励科研人员将研究成果转化为实际的产品或服务,从而推动科研生产力的发展。以科技融合为手段,产学研合作为渠道,提高高校知识创造能力,促进科研和教育紧密结合,形成科研、教育、产业相互支撑与相互促进的良性循环,为科技成果转化注入活力。促进产学研深度融合,是高校实现科技创新的重要途径。由于不同性质的组织存在各异的制度与文化,利益偏好与价值取向也不尽相同,产学研知识网络的构建存在固有的张力与堵点,激励产学研协同共同发力,消解张力,打通堵点,形成知识链与产业链闭环的关键在于围绕知识形成互惠互利的关系。一是利用数字技术搭建大数据平台,将产学研协同创新意向、团队组建、科研优势等诸多信息嵌入大数据平台,在解决产学研之间信息不对称问题的同时,可以降低信息、知识、技术的流通成本。二是利用知识网络的构建打通产学研割裂的科研资源,设立独立而有自主权的管理机构,引导产学研各方通过重大科研项目的共同攻关将独立而分散的科研资源集聚起来,发挥集聚效应,拓宽产学研协同的广度和深度,助力高校科研生产力跃迁。

7.3 研究局限与研究展望

高校科研生产力提升是一个非常复杂的现象，尽管本书的研究结论具有重要的理论价值与实践意义，但仍然存在一定的局限性。

首先，在内部协同视域下高校科研生产力提升的作用机理中，采用问卷调查方式获取数据，数据来源仅限于关键信息者的主观感知，而缺乏二手档案数据客观反映跨学科组织、跨学科研究管理体制、运行机制和评价机制及跨学科研究绩效情况，未来的研究需要加强主观数据与客观数据之间的融合。本书引入跨学科研究管理体制、运行机制和评价机制作为中介变量，剖析跨学科组织对跨学科研究绩效即科研生产力的影响机理，但可能忽视了跨学科研究情境、跨学科研究整合度等其他调节变量或中介变量。未来可以结合现实情境提炼其他中介变量，优化理论概念模型，并纳入调节变量展开调节效应的研究。

其次，由于外部协同视域下高校科研生产力提升的作用机理是一个非常复杂的现象，要对其进行全局性把握并非易事。一是将产学研协同创新和科研生产力纳入同一研究框架的研究领域还非常年轻，其基础理论框架尚未成型；二是取样困难导致不易获取到数据，使得研究的难度增加。虽然本研究已经解决了产学研协同创新环境下高校科研生产力提升的部分问题，但是，这些研究仅是起点，未来的研究仍任重道远。目前看来，本书的研究依然存在一些局限，需要在未来研究中进一步完善与深化。这些存在的局限性或后续需要继续深入研究之处主要包括以下几个方面。一是产学研协同创新与高校科研生产力演化的关系还需要开展较为深入的研究。本书的研究对产学研协同创新与高校科研生产力演化的关系进行了分析，尽管在基于以 223 份有效问卷为样本的实证研究中表现出较好的信度与效度，但产学研协同创新与高校科研生产力演化可能存在更为复杂的关系，还需要后续研究进一步的验证。二是产学研协同创新环境下高校科研生产力演化研究有待进一步探究。本书的研究虽然对产学研协同创新环境下高校科研生产力演化轨迹进行了尝试性的研究，但要对其进行较为全面的把握还需开展一系列大规模实证研究的检验与确认。希望本书的研究能起到"抛砖引玉"的作用，未来可能的研究方向还有待学者们开展进一步的探究。

附录Ⅰ:调查问卷Ⅰ

内部协同视域下高校科研生产力提升调查问卷

尊敬的专家/学者:

您好!

非常感谢您参与本次问卷调查。跨学科组织是高校开展跨学科合作研究提升科研生产力的关键载体,为了进一步了解我国高校科研生产力现状,探寻高校科研生产力影响要素间的作用关系和影响机制与规律,以便提出科学而有效的政策建议,从而促进高校科研生产力的发展,本书诚邀您参加此项调查,您宝贵的意见和建议将是本书成功的关键。

烦请您于百忙之中协助完成这份问卷的填写。本书完全采用匿名的方式进行,所获得的问卷数据只用于科学统计分析,且严格保密所有信息。衷心感谢您的支持与协助!

敬祝您事业蒸蒸日上!

一、基本情况(请在相应的选项上打√)

1. 您的性别:
(1)男　　　　　　　　　　(2)女

2. 您的职称:
(1)正高级　　(2)副高级　　(3)中级　　(4)初级及以下

3. 您所在的学科:
(1)哲学　(2)经济学　(3)法学　(4)教育学　(5)文学　(6)历史学
(7)理学　(8)工学　(9)农学　(10)医学　(11)管理学　(12)军事学

4. 近3年来您所在的跨学科组织参与跨学科研究项目情况：
(1)国家级项目　(2)省部级项目(3)企事业单位横向课题
(4)国际合作项目(5)其他(请注明)＿＿＿＿＿

二、以下是提升高校跨学科组织科研生产力的指标体系判断，请您结合您自身及所参与跨学科研究的实际情况，给下列各个指标打分(每个指标为7分制：1＝极不重要；2＝不重要；3＝较不重要；4＝一般；5＝较重要；6＝重要；7＝极重要)(请在您的选择上打√)

编号	具体内容	极不重要	不重要	较不重要	一般	较重要	重要	极重要
MI1	建立跨学科学术委员会	1	2	3	4	5	6	7
MI2	委员会领导下的主任负责制	1	2	3	4	5	6	7
MI3	在学校层面设立跨学科研究专项基金	1	2	3	4	5	6	7
OI1	明确的跨学科研究主题	1	2	3	4	5	6	7
OI2	围绕现实问题开展跨学科研究	1	2	3	4	5	6	7
OI3	跨学科研究成员之间进行有效沟通	1	2	3	4	5	6	7
OI4	大力培养跨学科人才	1	2	3	4	5	6	7
OI5	合理分配跨学科研究经费	1	2	3	4	5	6	7
EI1	建立健全的跨学科学术评价制度	1	2	3	4	5	6	7
EI2	评价时鼓励团队协作	1	2	3	4	5	6	7
EI3	承认在其他学科出版物上发表的成果	1	2	3	4	5	6	7
TI1	职称结构合理性	1	2	3	4	5	6	7
TI2	学历层次结构合理性	1	2	3	4	5	6	7
TI3	学科结构合理性	1	2	3	4	5	6	7
TI4	年龄结构合理性	1	2	3	4	5	6	7
II1	满足产业界的需求	1	2	3	4	5	6	7
II2	吸引产业界加入	1	2	3	4	5	6	7
II3	与产业界合作研究	1	2	3	4	5	6	7
II4	接受产业界的研究建议	1	2	3	4	5	6	7

三、以下是被调查的跨学科组织科研生产力的情况判断,请您根据实际情况,给下列各个指标打分(每个指标为 7 分制:1＝极不符合;2＝不符合;3＝较不符合;4＝一般;5＝较符合;6＝符合;7＝极符合)(请在您的选择上打√)

编号	具体内容	极不符合	不符合	较不符合	一般	较符合	符合	极符合
R1	跨学科组织发表了较多高水平论文	1	2	3	4	5	6	7
R2	跨学科组织出版了较多具有影响力的专著	1	2	3	4	5	6	7
R3	跨学科组织申请了很多新的专利	1	2	3	4	5	6	7
R4	跨学科组织获得了较多的省部级及以上奖项	1	2	3	4	5	6	7

再次衷心感谢您的支持和帮助!

附录Ⅱ:调查问卷Ⅱ

外部协同视域下高校科研生产力提升调查问卷

尊敬的专家/学者:

您好!首先感谢您于百忙之中阅读本问卷。本问卷拟就产学研协同创新对高校科研生产力的作用机制进行深入研究,因此您的意见对我们的研究非常重要,烦请您抽空完成这份问卷的填写。本次调查完全采用匿名的方式进行,所获得的问卷数据只用于科学统计分析,且严格保密所有信息。衷心感谢您的支持和帮助!

敬祝您事业蒸蒸日上!

第一部分:填表说明

1. 本研究中"产学研协同创新"是指高校以各种形式与企业、科研机构进行的合作创新活动,包括技术咨询服务、研究支持(资助高校进行研究)、成果转化、合作研究等。

2. 问卷第二部分采用七分量表,分值1-7表示您所认为题项中所描述的内容与您所在高校实际情况的符合程度。其中,分值1表示"完全不符合",分值7表示"完全符合"。问卷第三部分调查高校通过产学研协同创新后的科研生产力情况。问卷第四部分为基本情况的调查。

第二部分:产学研协同创新情况

序号	具体内容	极不符合	不符合	较不符合	一般	较符合	符合	极符合
1	通过与企业、科研机构合作,高校对外部行业技术情报和竞争情报的搜索能力增强	1	2	3	4	5	6	7
2	通过与企业、科研机构合作,高校对外部知识的价值进行评估和鉴别的能力增强	1	2	3	4	5	6	7
3	通过与企业、科研机构合作,高校改进外部知识使其更适合高校实际运营需要的能力增强	1	2	3	4	5	6	7
4	高校拥有成熟的流程和机制鼓励对从企业、科研机构获取的新知识进行运用	1	2	3	4	5	6	7
5	通过与企业、科研机构合作,高校擅长对学校已有知识进行改进和深入挖掘	1	2	3	4	5	6	7
6	高校很擅于基于新知识的导入来优化组织流程和机制	1	2	3	4	5	6	7
7	高校将大部分的时间和精力投入产学研合作	1	2	3	4	5	6	7
8	高校将更多的经费投入产学研合作	1	2	3	4	5	6	7
9	高校经常与合作企业、科研机构进行知识和信息的交流	1	2	3	4	5	6	7
10	高校将实验设备更多地投入企业、科研机构合作技术开发	1	2	3	4	5	6	7
11	高校与合作方所贡献的创新资源是彼此需要的	1	2	3	4	5	6	7
12	高校与合作方在知识结构上是互补的	1	2	3	4	5	6	7
13	高校与合作方的创新能力是相当的	1	2	3	4	5	6	7
14	高校的目标与合作方的目标是相互支持的	1	2	3	4	5	6	7
15	高校与合作方追求的是长期发展的价值观	1	2	3	4	5	6	7
16	高校与合作方能够相互理解彼此的行为方式	1	2	3	4	5	6	7

第三部分:科研生产力情况

序号	具体内容	极不符合	不符合	较不符合	一般	较符合	符合	极符合
1	通过产学研合作,高校发表了较多高水平论文	1	2	3	4	5	6	7
2	通过产学研合作,高校出版了较多具有影响力的专著	1	2	3	4	5	6	7
3	通过产学研合作,高校申请了很多新的专利	1	2	3	4	5	6	7
4	通过产学研合作,高校获得了较多的省部级及以上奖项	1	2	3	4	5	6	7

第四部分:基本情况

1. 您所在的组织进行产学研协同创新,带头人的学术地位是:
(1)领军人才 (2)学科带头人 (3)学术骨干
(4)一般研究人员

2. 您所在的学科:
(1)哲学 (2)经济学 (3)法学 (4)教育学 (5)文学 (6)历史学
(7)理学 (8)工学 (9)农学 (10)医学 (11)管理学 (12)军事学
(13)艺术学 (14)交叉学科

3. 您所属的高校类别:
(1)省重点建设高校(含浙江大学) (2)非省重点建设高校

4. 您所属高校的地理区域:
(1)杭州地区 (2)非杭州地区

5. 高校与企业、科研机构互动的形式有哪些?(单选题)(选出最主要的互动形式)
(1)合作研发 (2)委托技术开发 (3)技术服务或专题报告 (4)专利或技术转让 (5)技术或专利许可 (6)拥有或管理校办企业 (7)学生实习或就业等人员往来 (8)合作发表 (9)专家培训 (10)提供特别意见和建议 (11)参加企业、科研机构资助的会议 (12)其他_____
(可补充)

附录Ⅲ:访谈提纲Ⅰ

一、请简要谈谈您参与(或管理)跨学科科研合作的经历。

二、请您谈谈您是如何理解跨学科科研合作的。

三、您认为影响我国高校跨学科科研合作的因素有哪些?

四、您认为我国高校跨学科科研合作深入发展面临什么困难和障碍?

五、您认为进行或加强哪些方面的工作才能有效解决高校跨学科科研合作面临的问题,以促进我国高校科研生产力的长远发展?

附录Ⅳ：访谈提纲Ⅱ

一、请简要谈谈您参与（或管理）产学研合作的经历。

二、请您谈谈您是如何理解产学研协同创新的。

三、您认为影响我国高校产学研协同创新的因素有哪些？

四、您认为我国高校产学研协同创新深入发展面临什么困难和障碍？

五、您认为进行或加强哪些方面的工作才能有效解决高校产学研协同创新面临的问题，以促进我国高校科研生产力的长远发展？

参考文献

[1] Aboelela S W, Larson E, Bakken S, et al, 2007. Defining interdisciplinary research: Conclusions from a critical review of the literature[J]. Health Services Research, 42(1): 329-346.

[2] Abramo G, D'angelo C A, 2014. How do you define and measure research productivity? [J]. Scientometrics, 101(2): 1129-1144.

[3] Abramo G, D'Angelo C A, Caprasecca A, 2009. Gender differences in research productivity: A bibliometric analysis of the Italian academic system[J]. Scientometrics, 79(3): 517-539.

[4] Arza V, 2010. Channels, benefits and risks of public-private interactions for knowledge transfer: Conceptual framework inspired by Latin America[J]. Science & Public Policy, 37(7): 473-484.

[5] Association of American Universities, 2005. Report of the interdisciplinarity task force[EB/OL]. [2004-02-04]. https://files.eric.ed.gov/fulltext/ED505821.pdf.

[6] Azoulay P, Ding W, Stuart T, 2007. The determinants of faculty patenting behavior: Demographics or opportunities? [J]. Journal of Economic Behavior & Organization, 63(4): 599-623.

[7] Baldini N, Grimaldi R, Sobrero M, 2007. To patent or not to patent? A survey of Italian inventors on motivations, incentives, and obstacles to university patenting[J]. Scientometrics, 70(2): 333-354.

[8] Banal-Estañol A, Jofre-Bonet M, Lawson C, 2015. The double-edged sword of industry collaboration: Evidence from engineering

academics in the UK[J]. Research Policy, 44(6): 1160-1175.

[9] Barletta F, Yoguel G, Pereira M, et al. 2017. Exploring scientific productivity and transfer activities: Evidence from Argentinean ICT research groups[J]. Research Policy, 46(8): 1361-1369.

[10] Belderbos R, Carree M, Lokshin B. 2004. Cooperative R&D and firm performance[J]. Research Policy, 33(10): 1477-1492.

[11] Benner M, Sandström U. 2000. Institutionalizing the triple helix: Research funding and norms in the academic system[J]. Research Policy, 29(2): 291-301.

[12] Blackburn R T, Lawrence J H. 1995. Faculty at Work: Motivation, Expectation, Satisfaction [M]. Baltimore: Johns Hopkins University Press.

[13] Bordage G, Foley R, Goldyn S. 2000. Skills and attributes of directors of educational programmes[J]. Medical Education, 34(3): 206-210.

[14] Bozeman B, Gaughan M. 2007. Impacts of grants and contracts on academic researchers' interactions with industry[J]. Research Policy, 36(5): 694-707.

[15] Brehm S, Lundin N. 2012. University-industry linkages and absorptive capacity: An empirical analysis of china's manufacturing industry[J]. Economics of Innovation and New Technology, 21(8): 837-852.

[16] Breschi S, Lissoni F, Montobbio F. 2008. University patenting and scientific productivity: A quantitative study of italian academic inventors[J]. European Management Review, 5(2): 91-109.

[17] Brint M. 2005. Creating the future: "New directions" in American research universities[J]. Minerva, 43(1): 23-50.

[18] Brockhoff K. 1992. R&D Cooperation between firms—A perceived transaction cost perspective[J]. Management Science, 38(4): 514-524.

[19] Bruneel J, D'Este P, Salter A. 2010. Investigating the factors that diminish the barriers to university-industry collaboration[J].

Research Policy, 39(7): 858-868.

[20] Calderini M, Franzoni C, Vezzulli A, 2007. If star scientists do not patent: The effect of productivity, basicness and impact on the decision to patent in the academic world[J]. Research Policy, 36(3): 303-319.

[21] Chen A, Wang X, 2021. The effect of facilitating interdisciplinary cooperation on the research productivity of university research teams: The moderating role of government assistance [J]. Research Evaluation, 30(1): 13-25.

[22] Coccia M, Falavigna G, Manello A, 2015. The impact of hybrid public and market-oriented financing mechanisms on the scientific portfolio and performance of public research labs: A scientometric analysis[J]. Scientometrics, 102(1): 151-168.

[23] Cohen W M, Levinthal D, A. 1990. Absorptive capacity: A new perspective on learning and innovation[J]. Administrative Science Quarterly, 35(1): 128-152.

[24] Cohen W M, Nelson R R, Walsh J P. 2002. Links and impacts: The influence of public research on industrial R&D [J]. Management Science, 48(1): 1-23.

[25] Committee on Facilitating Interdisciplinary Research, 2005. Facilitating Interdisciplinary Research[M]. Washington, D. C.: The National Academies Press.

[26] Creamer E G, 1999. Knowledge production, publication productivity, and intimate academic partnerships[J]. The Journal of Higher Education, 70(3): 261-277.

[27] Cummings J L, Holmberg S R, 2012. Best-fit alliance partners: The use of critical success factors in a comprehensive partner selection process[J]. Long Range Planning, 45(2): 136-159.

[28] D'Este P, Tang P, Mahdi S, et al, 2013. The pursuit of academic excellence and business engagement: Is it irreconcilable? [J]. Scientometrics, 95(2): 481-502.

[29] Das T K, He I Y, 2006. Entrepreneurial firms in search of

established partners: Review and recommendations [J]. International Journal of Entrepreneurial Behavior & Research, 12(3): 114-143.

[30] Deutsch J M. 2014. Biophysics software for interdisciplinary education and research[J]. American Journal of Physics, 82(5): 442-450.

[31] Dubberly H. 2008. Toward a model of innovation [J]. Interactions, 15(1): 28-36.

[32] Dundar H, Lewis D R. 1998. Determinants of research productivity in higher education [J]. Research in Higher Education, 39(6): 607-631.

[33] Edgar F, Geare A. 2013. Factors influencing university research performance[J]. Studies in Higher Education, 38(5): 774-792.

[34] Eom B Y, Lee K. 2010. Determinants of industry-academy linkages and, their impact on firm performance: The case of Korea as a latecomer in knowledge industrialization[J]. Research Policy, 39(5): 625-639.

[35] Etzkowitz H, Leydesdorff L. 2000. The dynamics of innovation: From national systems and "mode 2" to a triple helix of university-industry-government relations [J]. Research Policy, 29(2): 109-123.

[36] Fini R, Grimaldi R, Sobrero M. 2009. Factors fostering academics to start up new ventures: An assessment of Italian founders' incentives[J]. The Journal of Technology Transfer, 34(4): 380-402.

[37] Garcia R, Araújo V, Mascarini S, et al. 2020. How long-term university-industry collaboration shapes the academic productivity of groups[J]. Innovation: Organization & Management, 22(1): 56-70.

[38] Garcia R, Araújo V, Mascarini S, et al. 2018. How the benefits, results and barriers of collaboration affect university engagement with industry [J]. Science and Public Policy, 46(3): 347-

357.

[39] Göktepe-Hulten D, Mahagaonkar P, 2010. Inventing and patenting activities of scientists: In the expectation of money or reputation? [J]. The Journal of Technology Transfer, 35(4): 401-423.

[40] Golde C M, Gallagher H A, 1999. The challenges of conducting interdisciplinary research in traditional doctoral programs [J]. Ecosystems, (2): 281-285.

[41] Goldfarb B, Henrekson M, 2003. Bottom-up versus top-down policies towards the commercialization of university intellectual property[J]. Research Policy, 32(4): 639-658.

[42] Gomes-Casseres B, Hagedoorn J, Jaffe A B, 2006. Do alliances promote knowledge flows? [J]. Journal of Financial Economics, 80(1): 5-33.

[43] González-Pernía J L, Parrilli M D, Peña-Legazkue I, 2015. STI-DUI learning modes, firm-university collaboration and innovation [J]. Journal of Technology Transfer, 40(3): 475-492.

[44] Guan J C, Yam R C M, Mok C K, 2005. Collaboration between industry and research institutes/universities on industrial innovation in Beijing, China[J]. Technology Analysis & Strategic Management, 17(3): 339-353.

[45] Gulbrandsen M, Smeby J C, 2005. Industry funding and university professors' research performance[J]. Research Policy, 34(6): 932-950.

[46] Harris M, 2010. Interdisciplinary strategy and collaboration: A case study of American research universities [J]. Journal of Research Administration, 41(1): 22-34.

[47] Hassan A, Tymms P, Ismail H, 2008. Academic productivity as perceived by Malaysian academics [J]. Journal of Higher Education Policy and Management, 30(3): 283-296.

[48] Hellweg C E, Spitta L F, Kopp K, et al, 2016. Evaluation of an international doctoral educational program in space life sciences:

The Helmholtz Space Life Sciences Research School (SpaceLife) in Germany[J]. Advances in Space Research, 57(1): 378-397.

[49] Hemmert M, Bstieler L, 2014. Okamuro, H. Bridging the cultural divide: Trust formation in university-industry research collaboration in the US, Japan, and Republic of Korea[J]. Technovation, 34(10): 605-616.

[50] Hollingsworth J R, 2008. Scientific discoveries: An institutionalist and path-dependent perspective[Z]. In Hannaway. Biomedicine in the Twentieth Century: Practices, Policies, and Politics[M]. Amsterdam: IOS Press.

[51] Holsti O R, 1969. Content Analysis for the Social Sciences and Humanities[M]. Massachusetts: Addison-Wesley Publishing Company.

[52] Huang S, Chen J, Mei L, et al, 2019. The effect on heterogeneity and leadership on innovation performance: Evidence from university research teams in China[J]. Sustainability, 11(4441): 1-14.

[53] Huber G P, Power D J, 1985. Retrospective reports of strategic-level managers: Guidelines for increasing their accuracy[J]. Strategic Management Journal, 6(2): 171-180.

[54] Hung Y T C, Nguyen M T T D, 2008. The impact of cultural diversity on global virtual team collaboration-A social identity perspective[C]. Proceedings of the 41st Hawaii International Conference on System Sciences.

[55] Inzelt A, 2004. Relations between universities and business in the transition period[J]. Economic Review, 51(9): 870-890.

[56] Jemison D B, Sitkin S B, 1986. Corporate acquisitions: A process perspective[J]. Academy of Management Review, 11(1): 145-163.

[57] Joecks J, Pull K, Backes-Gellner U, 2014. Childbearing and female research productivity: A personnel economics perspective on the leaky pipeline[J]. Journal of Business Economics, 84(4):

517-530.

[58] Klein J, Falk-Krzesinski H J, 2017. Interdisciplinary and collaborative work: Framing promotion and tenure practices and policies[J]. Research Policy, 46(6): 1055-1061.

[59] Klein J T, 1990. Interdisciplinarity: History, Theory and Practice[M]. Detroit: Wayne State University Press.

[60] Kwon K S, Jang D, Han W P, 2015. Network, channel, and geographical proximity of knowledge transfer: The case of university-industry collaboration in Republic of Korea[J]. Asian Journal of Innovation & Policy, 4(2): 242-262.

[61] Lam A, 2010. From "ivory tower traditionalists" to "entrepreneurial scientists"? Academic scientists in fuzzy university-industry boundaries[J]. Social Studies of Science, 40(2): 307-340.

[62] Lane N, 2008. US science and technology: An uncoordinated system that seem to work[J]. Technology in Society, 30(3-4): 248-263.

[63] Lane P J, Salk J E, Lyles M A, 2001. Absorptive capacity, learning, and performance in international joint ventures[J]. Strategic Management Journal, 22(12): 1139-1161.

[64] Lanjouw J, Schankerman M, 2004. Patent quality and research productivity: Measuring innovation with multiple indicators[J]. Economic Journal, 114(495): 441-465.

[65] Lee Y-N, Walsh J P, Wang J, 2015. Creativity in scientific teams: Unpacking novelty and impact[J]. Research Policy, 44(3): 684-697.

[66] Leipzig R M, Hyer K, Ek K, et al, 2002. Attitudes toward working on interdisciplinary health care teams: A comparison by disciplines[J]. Journal of the American Geriatrics Society, 50(6): 1141-1148.

[67] Leydesdorff L, Etzkowitz H, 2001. The transformation of university-industry-government relations[J]. Electronic Journal of

Sociology, 5(4): 1-17.

[68] Li Q, She Z, Yang B. 2018. Promoting innovative performance in multidisciplinary teams: The roles of paradoxical leadership and team perspective taking[J]. Frontiers in Psychology, (9): 1-10.

[69] Lin J. 2017. Balancing industry collaboration and academic innovation: The contingent role of collaboration-specific attributes [J]. Technological Forecasting and Social Change, 123 (C): 216-228.

[70] Lindeke L L, Block D E. 1998. Maintaining professional integrity in the midst of interdisciplinary collaboration [J]. Nursing Outlook, 46(5): 213-218.

[71] Liu Y, Wu Y, Rousseau S, et al. 2020. Reflections on and a short review of the science of team science[J]. Scientometrics, (125): 937-950.

[72] Liu F. 2008. The impact of collaboration networks on organizational performance[D]. A Dissertation for the Degree: Doctor of Philosophy in Northwestern University.

[73] Long R, Crawford A, White M, et al. 2009. Determinants of faculty research productivity in information systems: An empirical analysis of the impact of academic origin and academic affiliation [J]. Scientometrics, 78(2): 231-260.

[74] Maietta O W. 2015. Determinants of university-firm R&D collaboration and its impact on innovation: A perspective from a low-tech industry[J]. Research Policy, 44(7): 1341-1359.

[75] Millar M M. 2013. Interdisciplinary research and the early career: The effect of interdisciplinary dissertation research on career placement and publication productivity of doctoral graduates in the sciences[J]. Research Policy, 42(5): 1152-1164.

[76] Miller R C. 2010. Interdisciplinarity: Its meaning and consequences[J]. Oxford Research Encyclopedia of International Studies, 2(11): 1-25.

[77] Nelson R R. 2004. The market economy, and the scientific

commons[J]. Research Policy, 33(3): 455-471.

[78] Orchard C, Curran V, Kabene S, 2005. Creating a culture for interdisciplinary collaborative professional practice[J]. Medical Education Online, 10(11): 1-13.

[79] Perkmann M, Tartari V, McKelvey M, et al, 2013. Academic engagement and commercialisation: A review of the literature on university-industry relations [J]. Research Policy, 42（2）: 423-442.

[80] Plewa C, Korff N, Johnson C, et al, 2013. The evolution of university-industry linkages-A-framewok [J]. Journal of Engineering & Technology Management, 30(1): 21-44.

[81] Popper M, Lipshitz R, 1998. Organizational learning mechanisms, a structural and cultural approach to organizational learning[J]. The Journal of Applied Behavioral Science, 34(2): 161-179.

[82] Quimbo M A T, Sulabo E C, 2014. Research productivity and its policy implications in higher education institutions[J]. Studies in Higher Education, 39(10): 1955-1971.

[83] Ramsden P, 1994. Describing and explaining research productivity [J]. Higher Education, 28(2): 207-226.

[84] Rice R E, Sorcinelli M D, 2002. Can the tenure process be improved? [M]//Chait, R. (Ed.), The Questions of Tenure. Cambrige, MA: Harvard University Press.

[85] Rivera-Huerta R, Dutrénit G, Ekboir J M, et al, 2011. Do linkages between farmers and academic researchers influence researcher productivity? the Mexican case[J]. Research Policy, 40 (7): 932-942.

[86] Rothwell R, Zegveld W, 1985. Reindusdalization and Technology [M]. London: Logman Group Limited.

[87] Rowe H, 1996. Multidisciplinary teamwork-myth or reality? [J]. Journal of Nursing Management, (4): 93-101.

[88] Sá C M, 2008. 'Interdisciplinary strategies' in U. S. research

universities[J]. Higher Education,55(5):537-552.

[89] Salazar M R,Lant T K,2018. Facilitating innovation in interdisciplinary teams: The role of leaders and integrative communication[J]. Informing Science: The International Journal of an Emerging Transdiscipline,(21):157-178.

[90] Serrano V,Fischer T,2007. Collaborative innovation in ubiquitous systems[J]. Journal of International Manufacturing,18(5):599-615.

[91] Shapira P,2001. US manufacturing extension partnerships: Technology policy reinvented?[J]. Research Policy,30(6):977-992.

[92] Shapiro D L,Sheppard B H,Cheraskin L,1992. Business on a handshake[J]. Negotiation Journal,8(4):365-377.

[93] Skute I,Zalewska-Kurek K,Hatak I,et al,2019. Mapping the field: A bibliometric analysis of the literature on university-industry collaborations[J]. Journal of Technology Transfer,(44):916-947.

[94] Subramanian A M,Lim K H,Soh P H,2013. When birds of a feather don't flock together: Different scientists and the roles they play in biotech R&D alliances[J]. Research Policy,42(3):595-612.

[95] Szulanski G,1996. Exploring internal stickiness: Impediments to the transfer of best practice within the firm[J]. Strategic Management Journal,17(S2):27-43.

[96] Tartari V,Breschi S,2012. Set them free: Scientists' evaluations of the benefits and costs of university-industry research collaboration[J]. Industrial and Corporate Change,21(5):1117-1147.

[97] Thursby J G,Thursby M C,2004. Are faculty critical? Their role in university-industry licensing[J]. Contemporary Economic Policy,22(2):162-178.

[98] Tripsas M,Schrader S,Sobrero M,1995. Discouraging

opportunistic behavior in collaborative R&D: A new role for government[J]. Research Policy, 24(3): 367-389.

[99] University Leadership Council, 2009. Competing in the era of big bets: Achieving scale in multidisciplinary research[R]. National Best Practice Report, Washington, D. C.

[100] Van Knippenberg D, Schippers M C, 2007. Work group diversity [J]. Annual Review of Psychology, 58(1): 515-541.

[101] Van Looy B, Ranga M, Callaert J, et al, 2004. Combining entrepreneurial and scientific performance in academia: Towards a compounded and reciprocal matthew-effect? [J]. Research Policy, 33(3): 425-441.

[102] Vest C M, 2005. Pursuing the endless frontier: Essay on MIT and the Role of Research Universities [M]. Cambridge, Massachusetts: MIT Press.

[103] Wang J, 2016. Knowledge creation in collaboration networks: Effects of tie configuration[J]. Research Policy, 45(1): 68-80.

[104] Wang Y, Lu L, 2007. Knowledge transfer through effective university-industry interactions: Empirical experiences from China[J]. Journal of Technology Management in China, 2(2): 119-133.

[105] Wonglimpiyarat J, 2006. The dynamic engine at Silicon Valley and US government programmes in financing innovation[J]. Technovation, 26(9): 1081-1089.

[106] Wu J, Hobbs R, 2002. Key Issues and research priorities in landscape ecology: An idiosyncratic synthesis[J]. Landscape Ecology, 17(4): 355-365.

[107] Wuchty S, Jones B F, Uzzi B, 2007. The increasing dominance of teams in production of knowledge[J]. Science, 316(5827): 1036-1039.

[108] Yu X, 2008. Chinese faculty in the employment transition: A case study of Zhejiang University[D]. A Dissertation for the Degree: Doctor of Education in Boston University.

[109] Zhou W，Li Y，Hsieh C J，et al，2016. Research performance and university-industry-government funding sources in Taiwan's technological and vocational universities［J］. Innovation：Management，Policy and Practice，18(3)：340-351.

[110] 包艳华,唐倩,Kehm B M,2022.德国高校跨学科科研平台建设研究——以3D制造集群为例[J].北京航空航天大学学报(社会科学版),35(5):177-182.

[111] 毕颖,杨小渝.2017.面向科技前沿的大学跨学科研究组织协同创新模式研究——以斯坦福大学Bio-X计划为例[J].华中师范大学学报(人文社会科学版),56(1):165-173.

[112] 蔡倩,2020.历史制度主义视角下我国高等教育重点建设政策变迁研究[D].开封:河南大学.

[113] 曹霞,于娟,2016.联盟伙伴视角下产学研联盟稳定性提升路径——理论框架与实证分析[J].科学学研究,34(10):1522-1531.

[114] 曾粤亮,司莉,2021.跨学科科研合作:背景、理论研究与实践进展[J].图书情报工作,65(10):127-140.

[115] 曾粤亮,司莉,2020.组织视角下跨学科科研合作运行机制研究——以斯坦福大学跨学科研究机构为例[J].图书与情报,2:64-75.

[116] 柴晶,郑桂荣,2013.美国高校产学研合作发展的模式与特征[J].黑龙江史志,9:228.

[117] 陈艾华,陈婵,2016.协同创新中的跨学科研究何以绽放科研奇葩——大学跨学科科研生产力提升研究述评[J].中国高校科技,10:9-11.

[118] 陈艾华,吕旭峰,王晓婷,2017.研究型大学跨学科科研生产力提升机制实证研究[J].科研管理,38(11):82-87.

[119] 陈艾华,吴伟,王卫彬,2018.跨学科研究的协同创新机理:基于高校跨学科组织的实证分析[J].教育研究,6:70-79.

[120] 陈艾华,吴伟,2024.跨学科合作、政府支持与科研生产力——基于高校人工智能学术组织的实证分析[J].教育发展研究,7:63-71.

[121] 陈艾华,吴伟,2015.研究型大学跨学科科研生产力提升:资源扫描及践行路径[J].现代教育管理,10:45-52.

[122] 陈艾华,邹晓东,陈勇,等,2010.美国研究型大学跨学科研究的实践创新——以威斯康星大学麦迪逊分校 CHI 为例[J].高等工程教育研究,1:117-120.

[123] 陈艾华,邹晓东,2017.杜克大学提升跨学科科研生产力的实践创新[J].高等工程教育研究,5:115-119.

[124] 陈艾华,2018.协同创新视域下大学跨学科科研生产力:理论与实证[M].杭州:浙江大学出版社.

[125] 陈艾华,2011.研究型大学跨学科科研生产力研究[D].杭州:浙江大学.

[126] 陈婵,2015.高校跨学科研究管理体制探析[D].杭州:浙江大学.

[127] 陈何芳,2011.论我国大学跨学科研究的三重障碍及其突破[J].复旦教育论坛,9(1):67-71.

[128] 陈健,高太山,柳卸林,等,2016.创新生态系统:概念、理论基础与治理[J].科技进步与对策,33(17):153-160.

[129] 陈劲,阳银娟,2012.协同创新的理论基础与内涵[J].科学学研究,30(2):161-164.

[130] 陈恕浓,陶虹,2004.周光召认为我国科学研究需要更多合作[N].大众科技报,2004-10-17.

[131] 陈伟,王秀锋,曲慧,等,2020.产学研协同创新共享行为影响因素研究[J].管理评论,32(11):92-101.

[132] 陈钰芬,陈劲,2009.开放式创新促进创新绩效的机理研究[J].科研管理,30(4):1-9,28.

[133] 陈振明,2003.政策科学——公共政策分析导论[M].北京:中国人民大学出版社.

[134] 党兴华,李玲,张巍,2010.技术创新网络中企业间依赖与合作动机对企业合作行为的影响研究[J].预测,29(5):37-41,47.

[135] 董美玲,2012.中美高校与企业合作的动因、方式、成效和环境的比较研究[J].研究与发展管理,24(4):113-121.

[136] 董睿,张海涛,2018.产学研协同创新模式演进中知识转移机制设计[J].软科学,32(11):6-10.

[137] 樊春良,2018.美国科技政策的热点和走向——基于美国科学促进会 2018 年会的观察[J].全球科技经济瞭望,33(2):11-15.

[138] 方超,2016.政府主导下我国研究生教育体制变迁的制度逻辑——基于历史制度主义的视角[J].中国农业教育,1:29-37.

[139] 方刚,谈佳馨,2020.互联网环境下产学研协同创新的知识增值研究[J].科学学研究,38(7):1325-1337.

[140] 傅林,2010.从《2009美国复苏与再投资法案》看奥巴马时代的美国教育改革动向[J].比较教育研究,4:57-61,66.

[141] 郭建杰,谢富纪,2021.基于ERGM的协同创新网络形成影响因素实证研究[J].管理学报,18(1):91-98.

[142] 郭中华,黄召,邹晓东,2008.高校跨学科组织实施中存在的问题及对策[J].科技进步与对策,1:183-186.

[143] 郭忠华,2003.新制度主义关于制度变迁研究的三大范式[J].天津社会科学,4:82-86.

[144] 国家发展和改革委员会,2021."十四五"规划《纲要》名词解释之45｜国际大科学计划和大科学工程[EB/OL].[2023-03-13].https://www.ndrc.gov.cn/fggz/fzzlgh/gjfzgh/202112/t20211224_1309295_ext.html.

[145] 国务院,2018.国务院关于全面加强基础科学研究的若干意见[EB/OL].[2023-02-28].http://www.gov.cn/gongbao/content/2018/content_5266238.htm.

[146] 国务院,2013.国务院关于印发"十二五"国家自主创新能力建设规划的通知[EB/OL].[2023-03-13].http://www.gov.cn/zhengce/zhengceku/2013-05/30/content_5186.htm.

[147] 韩杰才,2023.全面强化高校有组织科研服务国家高水平科技自立自强[J].中国高等教育,23:4-8.

[148] 何建坤,孟浩,周立,等,2007.研究型大学技术转移及其对策[J].教育研究,8:15-22.

[149] 何郁冰,张迎春,2017.网络嵌入性对产学研知识协同绩效的影响[J].科学学研究,35(9):1396-1408.

[150] 何郁冰,2012.产学研协同创新的理论模式[J].科学学研究,30(2):165-174.

[151] 胡昌送,李明惠,卢晓春,2006.美国产学研结合发展历程与主要模式[J].中国职业技术教育,23:56-58.

[152] 胡雯,陈强,2018.产学研协同创新生命周期识别研究[J].科研管理,39(7):69-77.

[153] 黄超,杨英杰,2017.大学跨学科建设的主要风险与治理对策——基于界面波动的视角[J].中国高教研究,5:55-61.

[154] 黄菁菁,原毅军,2018.协同创新、地方官员变更与技术升级[J].科学学研究,36(6):1143-1152.

[155] 黄淑芳,2016.基于跨学科合作的团队异质性与高校原始性创新绩效的关系研究[D].杭州:浙江大学.

[156] 黄颖,张琳,孙蓓蓓,等,2019.跨学科的三维测度——外部知识融合、内在知识会聚与科学合作模式[J].科学学研究,37(1):25-35.

[157] 焦磊,谢安邦,赵军,2017.美国大学STEM领域博士生跨学科"规训"研究——基于IGERT项目[J].清华大学教育研究,38(2):50-56.

[158] 教育部,2018.关于印发《前沿科学中心建设方案(试行)》的通知[EB/OL].[2023-03-11].http://www.moe.gov.cn/srcsite/A16/moe_784/201808/t20180801_344025.html.

[159] 康旭东,王前,郭东明,2005.科研团队建设的若干理论问题[J].科学学研究,23(2):232-236.

[160] 科学部,教育部,中国科学院,等,2005.关于印发《关于进一步增强原始性创新能力的意见》的通知[EB/OL].[2023-03-11].https://www.most.gov.cn/xxgk/xinxifenlei/fdzdgknr/qtwj/qtwj2010before/200512/t200512_14_143275.html.

[161] 科学部,2018.2018年全国科技工作会议[EB/OL].[2023-03-14].https://www.most.gov.cn/ztzl/qgkjgzhy/2018.

[162] 科学部,2007.关于印发《关于在重大项目实施中加强创新人才培养的暂行办法》的通知[EB/OL].[2023-03-03].https://www.most.gov.cn/zt2l/gjzctx/ptzrcdw/200702/t20070201_40532.html.

[163] 蓝晓霞,刘宝存,2013.美国政府推动产学研协同创新的路径探析[J].中国高教研究,6:64-68.

[164] 蓝晓霞,2014.美国产学研协同创新保障机制探析[J].高等工程教育研究,4:146-151.

[165] 蓝晓霞,2014.美国产学研协同创新的主要模式、特点及启示[J].中国高教研究,4:50-53.

[166] 李朝阳,2009.美国政府推进产学研合作创新的政策考察及启示[J].中国科技信息,12:241-242.

[167] 李兰花,郑素丽,徐戈,等,2020.技术转移办公室促进了高校技术转移吗?[J].科学学研究,38(1):76-84.

[168] 李美静,2018.交互记忆视角下跨学科团队异质性对创新绩效影响研究[D].哈尔滨:哈尔滨工业大学.

[169] 李小妹,2013.近年来主要发达国家政府参与产学研合作的相关研究综述[J].科技管理研究,33(20):62-65,70.

[170] 李玉清,2012.我国产学研结合的发展、问题及对策[J].技术与市场,2:69-70.

[171] 李志峰,高慧,张忠家,2014.知识生产模式的现代转型与大学科学研究的模式创新[J].教育研究,3:55-63.

[172] 梁文艳,刘金娟,王玮玮,2015.研究型大学教师科研合作与科研生产力——以北京师范大学教育学部为例[J].教师教育研究,27(4):31-39.

[173] 梁文艳,周晔馨,2016.社会资本、合作与"科研生产力之谜"——基于中国研究型大学教师的经验分析[J].北京大学教育评论,14(2):133-156,191-192.

[174] 廖湘阳,2010.面向三个维度创新高校科研组织模式[J].中国高等教育,5:52-54.

[175] 林毅夫,1994.关于制度变迁的经济学理论:诱致性变迁与强制性变迁[M].上海:上海人民出版社.

[176] 刘凡丰,沈兰芳,2007.美国州立大学科研组织模式变革[J].高等教育研究,5:99-103.

[177] 刘凡丰,徐晓创,周辉,等,2017.高校促进跨学科研究的组织设计策略[J].清华大学教育研究,38(5):75-83.

[178] 刘和东,施建军,2009.大学技术转移与中国经济增长关系的实证研究[J].科技管理研究,7:244-246.

[179] 刘力,2006.美国产学研合作模式及成功经验[J].教育发展研究,7:16-22.

［180］刘仲林,赵晓春,2005.跨学科研究:科学原创性成果的动力之源——以百年诺贝尔生理学或医学奖获奖成果为例[J].科学技术与辩证法,6:107-111.

［181］刘仲林,2003.交叉学科分类模式与管理沉思[J].科学学研究,21(6):561-566.

［182］刘仲林,1985.跨学科学[J].未来与发展,1:50-52.

［183］刘仲林,2022.跨学科学应成为交叉学科勃发的向导[N].中国社会科学报,2022-06-14.

［184］鲁若愚,周阳,丁奕文,等,2021.企业创新网络:溯源、演化与研究展望[J].管理世界,37(1):217-233+14.

［185］罗琳,魏奇锋,顾新,2017.产学研协同创新的知识协同影响因素实证研究[J].科学学研究,35(10):129-139.

［186］马文聪,叶阳平,徐梦丹,等,2018."两情相悦"还是"门当户对":产学研合作伙伴匹配性及其对知识共享和合作绩效的影响机制[J].南开管理评论,21(6):95-106.

［187］孟丽菊,刘则渊,2006.联盟还是殖民:大学与企业关系的双重视角[J].高等教育研究,3:47-52.

［188］潘向东,杨建梅,欧瑞秋,等,2010.团队合作绩效在知识生产领域中的涌现[J].科学学研究,28(2):288-294.

［189］钱佩忠,2007.高校跨学科研究的组织和障碍分析[J].高等农业教育,1:55-57.

［190］秦玮,徐飞,2011.产学联盟绩效的影响因素分析:一个基于动机和行为视角的整合模型[J].科学学与科学技术管理,32(6):12-18.

［191］孙萍,朱桂龙,赵荣举,2001.跨学科研究发展状况评估体系初探[J].中国科技论坛,1:35-38.

［192］唐雅倩,张鹿鸣,袁祎康,2023.新媒体时代高校学科交叉与创新型人才培养的实践与思考[J].新闻研究导刊,14(23):158-160.

［193］涂振洲,顾新,2013.基于知识流动的产学研协同创新过程研究[J].科学学研究,31(9):1381-1390.

［194］汪雪锋,张娇,李佳,等,2018.跨学科团队与跨学科研究成果产出——来自科学基金重大研究计划的实证[J].科研管理,39(4):157-165.

[195] 王海军,成佳,邹日崧,2018.产学研用协同创新的知识转移协调机制研究[J].科学学研究,36(7):1274-1283.

[196] 王凯,邹晓东,吕旭峰,2013.欧美大学学者参与产学合作的程度、决定因素和影响——基于实证研究文献的探析[J].中国高教研究,7:57-61.

[197] 王仙雅,林盛,陈立芸,2013.科研压力对科研绩效的影响机制研究——学术氛围与情绪智力的调节作用[J].科学学研究,31(10):1564-1571,1563.

[198] 王小杨,张雷,杜晓荣,2017.基于惩罚机制的产学研合作演化博弈分析[J].科技管理研究,37(9):118-124.

[199] 王晓红,张少鹏,张奔,2021.产学合作对高校创新绩效的空间计量研究——基于组织层次和省域跨层次的双重视角[J].经济与管理评论,37(1):125-137.

[200] 王兴元,姬志恒,2013.跨学科创新团队知识异质性与绩效关系研究[J].科研管理,34(3):14-22.

[201] 王彦雷,2024.国家创新体系中的高校有组织科研范式革命[J].高校教育管理,18(3):34-43.

[202] 魏红心,2015.跨学科研究成果评价的现状与思考[J].教育与考试,51(3):41-44.

[203] 魏巍,刘仲林,2011.国外跨学科评价理论新进展[J].科学学与科学技术管理,32(4):20-25.

[204] 吴慧,顾晓敏,2017.产学研合作创新绩效的社会网络分析[J].科学学研究,35(10):1578-1586.

[205] 肖振红,范君荻,李炎,2021.产学研协同发展、知识积累与技术创新效率——基于动态面板门限机理实证分析[J].系统管理学报,30(1):142-149.

[206] 习近平,2014.在中国科学院第十七次院士大会、中国工程院第十二次院士大会上的讲话[EB/OL].[2023-04-15].http:www.gov.cn/xinwen/2014-06/09/content_2697437.htm.

[207] 习近平,2021.努力成为世界主要科学中心和创新高地[J].新长征,4:4-9.

[208] 谢梦,2022.开放学科边界学科交叉融合助力哲学社会科学人才培

养[N].光明日报,2022-05-17(15).

[209] 谢沛铭,2003.论合并高校的学科融合[D].长沙:中南大学.

[210] 徐立辉,王孙禺,2020.跨学科合作的工科人才培养新模式——工程教育的探索性多案例研究[J].清华大学教育研究,41(5):107-117.

[211] 宣勇,张金福,凌健,等,2009.大学学科组织化研究:多学科的审视[J].教育发展研究,5:45-55.

[212] 薛澜,姜李丹,黄颖,等,2019.资源异质性、知识流动与产学研协同创新——以人工智能产业为例[J].科学学研究,37(12):2241-2251.

[213] 薛卫,曹建国,易难,等,2010.企业与大学技术合作的绩效:基于合作治理视角的实证研究[J].中国软科学,3:120-132,185.

[214] 杨善林,吕鹏辉,李晶晶,2016.大科学时代下的科研合作网络[J].西安交通大学学报(社会科学版),36(5):94-100.

[215] 杨升曦,魏江,2021.企业创新生态系统参与者创新研究[J].科学学研究,39(2):330-346.

[216] 杨小婉,朱桂龙,吕凤雯,等,2021.产学研合作如何提升高校科研团队学者的学术绩效?——基于行为视角的多案例研究[J].管理评论,33(2):338-352.

[217] 姚晓杰,2022.跨学科多主体科研协同影响因素及机理研究[D].南昌:南昌大学.

[218] 姚艳虹,周惠平,2015.产学研协同创新中知识创造系统动力学分析[J].科技进步与对策,32(4):110-117.

[219] 叶桂芹,李红宇,张良平,2006.借鉴国外跨学科合作经验促进我国高校发展[J].黑龙江高教研究,1:30-32.

[220] 叶伟巍,梅亮,李文,等,2014.协同创新的动态机制与激励政策——基于复杂系统理论视角[J].管理世界,6:79-91.

[221] 叶向东,2007.美国政府在促进产学研结合中的作用及启示[J].全球科技经济瞭望,9:29-31.

[222] 尤莉,2017.大学跨学科团队知识异质性与创新绩效关系的实证研究[J].国家教育行政学院学报,3:62-69.

[223] 原长弘,张树满,2019.以企业为主体的产学研协同创新:管理框架

构建[J].科研管理,40(10):184-192.

[224] 张国昌,胡赤弟,2017.场域视角下的高校协同创新模式分析[J].教育研究,5:55-61.

[225] 张金福,王维明,2013.法国高校与研究机构协同创新机制及其启示[J].教育研究,8:142-148.

[226] 张军,许庆瑞,张素平,2014.知识积累、知识激活与创新能力关系研究[J].中国管理科学,22(10):142-148.

[227] 张俊,李忠云,2006.我国产学研结合的发展趋势研究[J].湖北社会科学,2:167-169.

[228] 张力,刘新梅,2011."边界巡视者"依赖还是"信任"和"一体化机制"取胜——来自产学合作机构的证据[J].科学学研究,29(5):756-763,792.

[229] 张玲玲,王蝶,张利斌,2019.跨学科性与团队合作对大科学装置科学效益的影响研究[J].管理世界,12:199-212.

[230] 张炜,邹晓东,陈劲,2002.基于跨学科的新型大学学术组织模式构造[J].科学学研究,20(4):362-366.

[231] 张炜,钟雨婷,2017.亚琛工业大学的跨学科战略实践及其变革[J].高等工程教育研究,5:120-124.

[232] 张珣,徐彪,彭纪生,等,2014.高校教师科研压力对科研绩效的作用机理研究[J].科学学研究,32(4):549-558.

[233] 张洋磊,张应强,2017.大学跨学科学术组织发展的冲突及其治理[J].教育研究,9:55-60,131.

[234] 张洋磊,2016.多重制度逻辑中的大学跨学科研究——从"外生性政策规制"到"内生性制度创新"[J].江苏高教,1:23-26.

[235] 赵红州,1996.论科研生产关系[J].中国社会科学,1:17-30.

[236] 赵晖,祝灵君,2003.从新制度主义看历史制度主义及其基本特点[J].社会科学研究,4:24-29.

[237] 赵京波,张屹山,2011.美国产学研合作的经验及启示[J].经济纵横,12:118-121.

[238] 赵文平,聂聚宾,2018.家长式领导对跨学科团队创新绩效的影响——以交互记忆系统为中介变量[J].科技进步与对策,35(12):125-130.

[239] 赵延东,洪伟,2015.承担企业科研项目给科研人员带来了什么？[J].科研管理,36(12):19-28.
[240] 中国科学技术发展战略研究院,2021.2021年40国家创新指数综合排名结果[EB/OL].[2024-03-14].http://cn.casted.org.cn/channel/newsinfo/8684.
[241] 朱朝晖,陈劲,陈钰芬,2009.探索性技术学习和挖掘性技术学习及其机理[J].科研管理,30(3):23-31.
[242] 朱桂龙,张艺,陈凯华,2015.产学研合作国际研究的演化[J].科学学研究,33(11):1669-1686.
[243] 朱凌,常甲辉,徐旋,2012.从构建产学合作平台到实现产学协同创新——基于长三角"985"高校专利数据及典型案例的研究[J].高等工程教育研究,4:59-66,102.
[244] 庄亚明,穆荣平,尤海燕,2010.FDI、官产学合作对区域创新能力的影响[J].科技与经济,3:11-14.
[245] 邹晓东,王凯,2016.区域创新生态系统情境下的产学知识协同创新:现实问题、理论背景与研究议题[J].浙江大学学报(人文社会科学版),46(6):5-18.
[246] 祖廷勋,张云虎,陈天仁,等,2006.产学研合作创新的动力机制——基于新制度经济学层面的分析[J].河西学院学报,1:24-27.

后　记

在过去近20年的时光里,本人始终专注于协同创新与科研生产力之间关系的研究,致力于从多方面、深层次去剖析二者相互作用的内在机理及其对科研生态系统所产生的诸多影响。

感谢我的导师邹晓东老师！是邹老师为我打开了学术之门,一直督导和鼓励我。邹老师的指导和支持让我充满动力,衷心感谢！

衷心感谢在本书撰写各个阶段给予大力支持与帮助的领导和同事！您们的支持与帮助是激励我前行的力量。

还要特别感谢浙江大学出版社李海燕老师,她的努力工作使得本书得以顺利出版。

受邀接受项目研究访谈和问卷调查的诸多专家和学者,为本书研究成果的实现奠定了有效基础,在此一并表示衷心感谢！

最后,还要特别感谢我的家人对我的宽容与关心。

此外,感谢所有帮助过我的人！

由于本人的水平、时间、精力所限,本书仍可能有纰漏,敬请各位读者不吝指教！

作者

2024年4月